Wolf Hanke

Moltke
Hommage an einen großen Preußen

Wolf Hanke

Moltke

Hommage an einen großen Preußen

Verlag E.S. Mittler & Sohn GmbH
Hamburg · Berlin · Bonn

Dem Andenken meines Vaters der am 25. Februar 1947 – dem Tag der Auflösung Preußens durch das alliierte Kontrollratsgesetz Nr. 46 zu mir sagte: »Alles Quatsch! Preußen kann niemand auflösen; Preußen ist eine Frage der Haltung!«

Wolf Hanke

Ein Gesamtverzeichnis der lieferbaren Titel der Verlagsgruppe Koehler/Mittler schicken wir Ihnen gern zu. Sie finden es aber auch im Internet unter: www. koehler-mittler.de

Die Deutsche Bibliothek – CIP-Einheitsaufnahme
Ein Titeldatensatz für diese Publikation ist bei der Deutschen Bibliothek eerhältlich.

ISBN 3-8132-0687-4

© 2000 Verlag E.S. Mitter & Sohn GmbH, Hamburg
Alle Rechte vorbehalten
Layout und Produktion: Bettina Schumacher
Druck und Bindung:
Hans Kock Buch- und Offsetdruck GmbH, Bielefeld
Printed in Germany

Inhaltsverzeichnis

Warum Moltke?   7
Genie ist Arbeit   11

Orientalische Erlebnisse   17
Verschleiert   22
Sieg durch Bezahlung   28

Im Kurdenlager   35
Preußisches Erbe   37
Die Schlacht bei Nibib   41
Moltkes Könige   43

Der gebildete Soldat   45
Ein gewisser Sophokles   47
Kunstgenuß   51

In der Jasminlaube   53
Zündnadelgewehr   54
Soldatenfrau   59

Der Neugierige   61
Die »Moltke«   65
Eisenbahn und Luftballon   67

Die neue Zeit   71
Gefahren für den Frieden   74
Der Feldherr   75
Wenn Moltke scherzte   77
»Ich verhindere den Befehl«   78
Bismarcks Zigarren   80
Das Hauptquartier   82
Viele Schweiger   84

Die Versammlung der Streitkräfte	84
Der Feldzugsplan	85
Die Kraft der Armee	86
Generalstäbler	87
»Vom Wesen des neuzeitlichen Krieges	88

Der Höfling 91

Der Sparsame	95
Auf Reisen	96
»Wer Servilla nicht gesehen«	99

Gegen Frankreich 101

Aus französischer Sicht	103
Wie Moltke verhandelte	104
So sind meine Regimenter?	108
Einsicht	110

Der Gutsherr 111

Der Pädagoge	115
Rindvieh gibt Dünger	116
Parole:»Parchim 1800«	118
Betr. Traditionspflege	122
Ruhm und Askese	122

Abschied 125

Der Spieler	126
Seelenwanderung	129

Angang 1

Der Lebensweg	132

Anhang 2

Zur weiteren Lektüre	134

Warum Moltke?

Welche Gründe könnte es geben, am Beginn des 21. Jahrhunderts zurückzublicken auf einen vor mehr als hundert Jahren verstorbenen preußischen Feldherrn – davon gab es doch viele –, dessen überlegende Kriegskunst zwar die politische Errichtung des Deutschen Reiches erst ermöglichte, dessen Lebenswerk jedoch, die Heranbildung einer der besten Armeen der damaligen Zeit, untergegangen ist wie dieses Deutsche Reich? Kann dieser streng konservative Soldat in unseren Tagen weltweiten Umbruchs und tiefgreifender Veränderungen mehr bedeuten als eine interessante Fußnote für Historiker? Das 19. Jahrhundert war in Deutschland doch erfüllt von bedeutenden Namen: Goethe und Schiller, Kant und Hegel, Scharnhorst und Gneisenau, Wagner, Clausewitz, Heine, Eichendorff, Marx ... aber Moltke? Das am meisten deutsche Jahrhundert in der Geschichte unseres Volkes ist geprägt von überragenden Männern des geistigen Lebens, zu denen sicher auch ein Bismarck gezählt werden darf; aber warum Moltke?

Wer erst einmal beginnt, sich mit Moltke zu beschäftigen, läßt sich auf ein überraschendes wie spannendes Abenteuer ein, denn das historische Bild des Siegers von Königgrätz und Sedan war schon vor seinem Tod (1891) überwuchert von den liebenswerten Anekdoten in preußischen Lesebüchern und hohlem nationalen Pathos wilhelminischer Historiker. Daß er kein Wort zuviel sprach, der »große Schweiger« genannt wurde, ist als Moltke-Klischee jeder Generation immer neu überliefert worden; daß er ein glänzender Schriftsteller war, dessen Bücher, Artikel, Briefe noch immer anregende Lektüre sind, geriet in Vergessenheit, lohnt die Wiederentdeckung. Nie war Moltke ausschließlich der Befehl und Gehorsam bedingungslos verpflichtete Offizier mit genialem Feldherrenblick, wie ihn Hitlers Propagandisten für die eigene Sache zu vereinnahmen suchten, sondern

er war vielschichtig und oft genug schwer zu deuten wie kaum ein anderer. Er war überaus gebildet und sensibel, eiskalt und brutal, gütig und feinsinnig, rücksichtslos und ohne Erbarmen, ebenso bescheiden wie stolz, ehrgeizig wie zur Unterordnung bereit. Es gehört zum Schicksal der Großen in der Geschichte, daß die Nachwelt sich ihrer beliebig bedient. Schon seinen Zeitgenossen fiel es schwer, diesen ungewöhnlichen Charakter auch nur einigermaßen gerecht einzuordnen. Austen Chamberlain erinnert sich an einen winterlichen Spaziergang im Berliner Tiergarten mit dem 87jährigen Moltke:

»Wenn er nicht Uniform getragen hätte, so würde man hinter dieser schlanken Gestalt, diesen ebenmäßigen Zügen, diesem feinen und klugen Gesicht und vor allem hinter dieser edlen Stirn einen großen Denker vermutet haben, vielleicht einen Professor der Metaphysik oder schwer verständlicher mathematischer Forschungen, zum mindesten einen Forscher, der in hohe Gedanken gehüllt war, ungestört von gewöhnlichen Tagessorgen der Menschen.«

Bismarck dagegen, Moltkes unverzichtbarer Gegenpol, Partner, Rivale, Gegner und Freund, meinte einmal ironisch:

»Er wäre im Zivildienst wohl ein ganz guter Bürokrat geworden. Er war eine ganz andere Natur als ich. Ein Durchgänger ist er nie gewesen.«

Und an anderer Stelle:

»Das Raubvogel-Profil Moltkes wird immer raubvogelartiger.«

Kaiserin Eugénie dagegen hat – halb erschrocken, halb bewundernd – von dem damals kaum bedeutenden 56jährigen Moltke erstaunlich ahnungsvoll bemerkt, das sei wohl

»die Rasse der Zukunft«, dieser »wortkarge Herr, der nichts weniger sei als ein Träumer, immer gespannt und spannend.«

Über 40 Jahre später, 1899, zur Jahrhundertwende, fragte die »Berliner Illustrierte« ihre Leser nach den bedeutendsten Deutschen, die das 19. Jahrhundert geprägt hätten. Über 6000 Zuschriften gingen ein, wobei zu bedenken ist, daß der damalige Illustriertenleser einer gebildeten, dem Modernen aufgeschlossenen Gesellschaftsschicht angehörte. Die meisten Ergebnisse konnten kaum überraschen: Goethe galt als der bedeutendste deutsche Dichter, Wagner als der wichtigste Komponist. Als jedoch nach dem größten deutschen Denker im Jahrhundert ausgeprägter deutscher Philosophie gefragt wurde, fand man weder Schopenhauer noch Hegel, weder Fichte noch Nietzsche würdig genug für den ersten Platz, sondern – Moltke. Man darf das getrost als ein Fehlurteil einordnen, aber es verdeutlicht, welche Ausnahmestellung in der Kriegsgeschichte Moltke schon bald nach seinem Tod eingeräumt wurde. Nie galt er als populärer Haudegen der großen Schlachten wie die nicht minder siegreichen Blücher oder Wrangel, sondern stets als kühler Rechner, dessen eigentliches Schlachtfeld der Schreibtisch war und dem schon 1870 ein typischer Berliner Straßenjunge ermunternd nachrief: »Nanu, Moltke, mach mal wieder'nen juten Plan!«

Dieser ungewöhnliche »Feldherr mit der Gelassenheit eines Philosophen« (wie der Historiker Wolfgang Döring ihn nennt), der selbst auf dem Feldherrnhügel die Mütze nicht gegen den Stahlhelm vertauschte und dessen Kritiker spötteltelten, er habe bei Sedan den Degen ziehen wollen, aber das sei nicht gelungen, weil der seit 40 Jahren verrostet in der Scheide gesteckt habe, war als Soldat so außergewöhnlich, daß noch 1930 Generaloberst Hans von Seeckt einer verunsicherten Reichswehr die Schrift »Moltke als Vorbild« mit auf den Weg zu geben versuchte. Vorbildliches findet der

Leser des 21. Jahrhunderts in den Werken, den Briefen, dem Leben dieses außerordentlichen Soldaten, dessen Bescheidenheit in Zeiten größter Triumphe sprichwörtlich blieb, etwa wenn er – selbstverständlich eigenhändig – die Bitte für eine Biographie 77jährig beantwortet:

»Ich erkenne die Absicht dankbarlichst an, gestatte mir aber zu bemerken: Erst über den Hingeschiedenen ist ein freieres Urteil zu erwarten. Es hat sich so gefügt, daß ich erst in fortgeschrittenem Alter in Verhältnisse getreten bin, die ein allgemeineres Interesse beanspruchen können. Niemand wird Anteil nehmen an einer Reihe früherer Jahre. Und da die Arbeit glücklicherweise noch nicht angefangen ist, so kann ich nur recht aufrichtig raten, davon abzusehen.

Moltke«

In Zeiten eines eher kargen Geschichtsbewußtseins, geprägt von schmerzlichem Mangel an überkommenen Werten und politischer Kultur, kann eine Wiederbegegnung mit Moltke wohltuend, häufig auch hilfreich sein. Die Großen der Geschichte büßen – sehr natürlich – in der Erinnerung mit jedem Jahrzehnt mehr ein von der Kraft, die einmal von ihrer Persönlichkeit ausging, vom Einfluß, mit dem sie ihre Zeit gestalteten, von ihrer Wirkung auf Nachfolgende. Mißt man jedoch Moltke heute an seinen oft berühmteren Zeitgenossen, so bleibt überraschend viel von ihm, das lohnt, bewahrt zu werden. Auch im 21. Jahrhundert hat der bedeutendste deutsche Feldherr, der jeden äußeren Aufwand scheute, nie mehr als zwei Anzüge besaß, persönliche Bedürfnislosigkeit sehr bewußt stilisierte, um dahinter einen unbändigen Willen zu verbergen, einer nachwachsenden Generation viel zu sagen. Wenn nicht alles täuscht, werden General Graf von Schlieffens Wahlspruch »Viel leisten, wenig hervortreten, mehr sein als scheinen« und Moltkes Überzeugung »Glück hat auf die Dauer zumeist wohl nur der Tüchtige« dringender als je wieder gebraucht. Warum Moltke? Darum!

»Genie ist Arbeit«

Moltke

Bismarck hat vier Jahre nach Moltkes Tod mit wenigen Worten umrissen, wie anders Moltke war, wie fremd er häufig auf seine Umgebung wirken mußte:

»Er war ein ganz seltener Mensch, ein Mann der systematischen Pflichterfüllung, eine eigenartige Natur, immer fertig und unbedingt zuverlässig, dabei kühl bis ans Herz hinan.«

Solche »systematische Pflichterfüllung«, die Moltke als Chef des Generalstabs von seinen Offizieren ganz selbstverständlich forderte, war das Ergebnis einer lebenslangen Selbsterziehung, die er früh als Schutzwall gegen Brutalitäten und Erniedrigungen einer harten, freudlosen Jugend aufbaute. Sein Vater Phillip Victor, ständig verschuldet, hatte seinen Sohn schon mit 11 Jahren ins Kopenhagener Kadettenhaus gesteckt – er selbst war in dänische Dienste getreten –, um dem Jungen ein karges, doch sicheres Brot als Soldat fürs Leben mitzugeben. Hunger, Schläge, Demütigungen bestimmten den Alltag der Kadetten, die auch als Pagen bei Hof Dienst taten. Viele Züge in Moltkes immer verschlossenem Wesen werden verständlich in einem – Jahre später an einen Bruder geschriebenen – Brief über diese Zeit:

»Da ich keine Erziehung, sondern nur Prügel erhalten, so habe ich bei mir keinen Charakter ausbilden können. Das fühle ich oft schmerzlich. Dieser Mangel an Halt in sich selbst, dies beständige Rücksicht nehmen auf die Meinung anderer, selbst die Präponderanz der Vernunft über Neigung verursachen mir oft einen moralischen Katzenjammer, der bei anderen gerade aus dem Gegenteil einzutreten pflegt. Man hat sich ja beeilt, jeden hervorstechenden Charakterzug zu verwischen, jede Eigentümlichkeit wie die Schößlinge einer Taxuswand fein bei-

zeiten abzukappen – so entstand denn die unglückselige Eigenschaft des Charakters: die Charakterschwäche. Wie beneide ich fast alle anderen Menschen um ihre Fehler, um ihre Derbheit, Unbekümmertheit und Geradheit.«

Die Ausbildung der dänischen Kadetten war nicht nur hart, sondern auch umfassend, selbst wenn man den noch niedrigen Wissensstandard des frühen 19. Jahrhunderts bedenkt. Geprüft wurden: Dänisch, Kriegsgeschichte, Artillerie, Geographie, allgemeine Geschichte, Garnisonsdienst, Felddienst, Physik, Deutsch, Taktik, Militärgeographie, Freihandzeichnen, Landvermessung, dienstliches Verhalten, Mathematik – Moltkes Lieblingsfach, in dem er die Höchstzahl von 14 Bewertungspunkten erreichte. Das Abschlußexamen bestand er als Bester, wurde zum Lohn als Sekondeleutnant ein Jahr vorpatentiert und im oldenburgischen Infantrieregiment in Rendsburg der Jägerkompanie zugeteilt, was als Auszeichnung galt. Ein Streber?

Kein Zweifel: Moltke war ein Leben lang fleißig. Aber in den langen Leutnantsjahren – erst in dänischen, dann in preußischen Diensten – gehörten Hunger und Entbehrungen zu seinem Alltag, und Lernen stand auch nach Dienstschluß auf seinem Tagesplan, wenn andere junge Offiziere, von Hause unterstützt, die Abende im Wirtshaus oder mit Mädchen verbrachten.

Selbst viele Jahre später auf der Kriegsschule in Berlin – wo übrigens Clausewitz sein oberster Chef war – mußte er ein entbehrungsreiches Leben führen:

»Ich kam auf die Kriegsschule nach Berlin zu einer Zeit, wo das Vermögen meiner Eltern durch die Kriege und einer Reihe von Unglücksfällen fast gänzlich verlorengegangen war. Kein Pfennig Zulage konnte mir gewährt werden, und Sie können sich kaum vorstellen, wie ich mich einschränken mußte. Und trotzdem gelang es mir, so viel Ersparnisse zu machen, daß

ich Unterricht in den neueren Sprachen nehmen konnte. Es ist wahrhaftig kein beneidenswertes Los, das eines armen Leutnants.«

So paradox es klingen mag: Nicht zuletzt aus Not, die Hunger stets einschloß, wurde Moltke einer der am meisten gebildeten Soldaten; »der große Schweiger« war der sprachkundigste Offizier der preußischen Armee. Deutsch war die Sprache im Elternhaus, Dänisch lernte er in Kopenhagen, Französisch und Englisch verschlangen die Ersparnisse während der Kriegsschulzeit in Berlin, später lernte er Russisch, Italienisch und Spanisch, und seine Kommandierung ins Osmanische Reich als Hauptmann (1835–39) bescherte ihm zusätzlich gute türkische Sprachkenntnisse. Hätte er seinen Neigungen folgen und ein Universitätsstudium absolvieren können, so wäre er am liebsten Professor für Archäologie und Geschichte geworden. Man darf wohl vermuten: ein sehr erfolgreicher. Noch lieber aber – und das mag überraschen – wäre er, als Sohn vermögender Eltern, Landwirt geworden. Noch als 28jähriger Leutnant begeistert er sich für ein Herrenleben auf einem der großen Güter in Schlesien. Er war zum Topographischen Büro des Großen Generalstabs kommandiert worden und bekam die Aufgabe, Schön-Briese bei Oels in Schlesien zu vermessen. In einer Zeit fehlender Landkarten war solche Tätigkeit für Generalstabsoffiziere von erheblicher Bedeutung, und Moltke brachte dafür eine hohe Begabung und viel Interesse mit. Er wohnte im Sommer 1828 im Schloß Schön-Briese des Majoratsherrn August Graf Kospoth und erlebt eine ihm bisher verschlossene Welt. An seine Mutter schreibt Moltke:

»Mein Aufenthalt in Briese verlängert sich zu zehn Wochen, und ich wäre am Ende zehn Jahre dageblieben, wenn mir nicht eingefallen, daß ich meine Zeichnungen abgeben müsse. Du weißt, wie ich, früh schon aus dem elterlichen Hause ent-

fernt und Deiner Sorgfalt entrissen, mich bald gewöhnen mußte, überall ein Fremder zu sein, überall erst zu erwerben, was anderen an Liebe, Freundschaft und Achtung durch verwandtschaftliche Bande oder freundschaftliche Beziehungen entgegengetragen wird. Seitdem nun ist mir nie so gütig begegnet, nirgends so wohl und so einheimisch geworden als bei Kospoths.

Ach, es ist eine schöne Sache für so einen armen Teufel, der sich zwischen Geldmangel, Vorgesetzten, Dienstpflicht, Gehorsam und wie die Übel alle heißen, herumdrängen muß, so in eine Lage zu kommen, wo alle die kleinen Verdrießlichkeiten des Lebens, die zusammen das Unglück des Lebens ausmachen können, aufhören, wo alles schön, gefällig, reich und edel ist und das Vergnügen Zweck sein darf, weil selbst die Arbeit ein Vergnügen ist, wo die Kunst nicht die spärliche Würze des Lebens, wo sie das Leben selbst ist. So war Briese ein warmer Sonnenblick an einem finsteren Herbsttag.

Durch einen prachtvollen Kuppelsaal, dessen Wände von reizender Stukkatur sind, trittst Du in eine Reihe von Zimmern, welche mein Corps de Logis ausmachen. Große Spiegel, damastene Sofas, getäfelte und kunstreich eingelegte Dielen, marmorne Kamine schmücken diese hohen Gemächer, deren Wände von einer Sammlung ausgesuchter Gemälde bedeckt sind, welche zum Teil aus dem Pinsel eines Tizian, Rubens, Van Dyck und anderer Meister stammen.

Wer genießt, besitzt: Und kann der Eigentümer mehr tun als ich? Vor meinen Fenstern breitet sich der von hohen Mauern eingefaßte Park aus, mit Steinstatuen und Urnen, aus welchen eine üppige Vegetation von blauen und roten Hortensien gleichsam überfließend hervorbricht. Das Ganze paßt vorzüglich zum Majoratsbesitz der Reichsgrafen von Kospoth.

Meine Wirte sind die Güte selbst gegen mich. Ich weiß nicht, ob es bloß Eitelkeit ist, was mir den Umgang mit recht

vornehmen Leuten anziehend macht. Soviel ist gewiß, daß man nirgends weniger Anmaßung findet als eben hier. Kospoths sind mit allen Fürsten und Herren des Landes verwandt. Vorgestern waren wir zu ihren Verwandten zum Erntekranz gefahren, wo wir auf der Tenne sehr lustig getanzt haben.

Während der junge Graf sich auf dem Flügel in Fugen, Chorälen und kontrapunktinschen Wendungen ergeht, harre ich geduldig der Ankunft der Damen mit ihren Stickereien und des Grafen mit einem Buche, aus welchem vorgelesen wird, während ich zeichne oder mitunter gar am Rahmen Stich an Stich reihe, was die junge Gräfin ebenso fleißig wieder auftrennt ...

Der Abschied war nicht ohne viele Tränen. Kaum in Berlin angekommen, fand ich schon ein Kistchen mit Ananas vor, ohne Anschreiben, aber mit einer Feile, die ich in Briese vergessen hatte.«

Moltke, der geniale Feldmarschall, in jungen Jahren am Stickrahmen! Die Erinnerung an schlesische Gutsherrenkultur und Gastfreundschaft könnten mitbestimmend gewesen sein für Moltkes Entschluß, mit 66 Jahren das Gut Kreisau in Schlesien zu kaufen. Nach dem Sieg über Österreich hatte der preußische König seinen General der Infanterie mit einer Dotation belohnt, die ihn endlich zum Landwirt werden ließ.

Aber nach der Rückkehr aus Briese sparte Moltke erst einmal auf ein eigenes Pferd. Denn seine finanziellen Verhältnisse besserten sich nur sehr langsam, bis er 1833 zum Premierleutnant im Großen Generalstab befördert wurde, was mit einer bescheidenen Zulage verbunden war. Davon zweigte er monatlich einen Betrag zur Unterstützung seiner Mutter und seines Bruders ab. Als 50 Jahre später ein devoter Besucher ihn als »großen Mann« bezeichnete, sagte Moltke:

»Was heißt denn groß? Der Mensch ist, was er ist und wird, was aus ihm die Verhältnisse machen.«

1835 wurde Moltke zum Hauptmann befördert. Ein erstes bedeutendes Kommando steht bevor.

Orientalische Erlebnisse

»Wenn fern in der Türkei
die Völker aufeinander schlagen...«
Goethe

Von Preußen aus gesehen war das Osmanische Reich zu Beginn des 19. Jahrhunderts zwar eine bedeutende Großmacht, deren Vordringen bis an die Tore Wiens noch in naher, unguter Erinnerung war, aber im Grunde wußte man nur herzlich wenig von Ländern und Leuten dieses fernen Vielvölkerstaates. Gebildete stützten sich in ihren Vorstellungen vom Orient auf die poetischen Geschichten aus Tausendundeiner Nacht, vielleicht sogar auf Goethes zärtlichen Westöstlichen Diwan, aber wie die Menschen in diesem gewaltigen Reich lebten, das den gesamten Balkan südlich der Donau umfaßte, dazu Kleinasien, den Nahen Osten bis an Persiens Grenzen, Ägypten und Nordafrika, was der Islam bedeutete, welche Machtkämpfe das Osmanische Reich erschütterten, erfuhren Interessierte oft erst aus den Schilderungen des Hauptmanns von Moltke. Von 1835 bis 1839 war er als Militärberater an den osmanischen Hof kommandiert, eine Auszeichnung für den vielsprachigen, gebildeten Offizier, die nicht ungelegen kam, denn während in Berlin das Gehalt weiter bezahlt wurde, kam »die Pforte«, wie Pascha und Hof offiziell genannt wurden, großzügig für alle Kosten auf. Die Reise wurde mit 3200 Goldmark honoriert, 400 Goldmark standen jeden Monat zur Verfügung, dazu ein Diener und zwei Reitpferde. Zum ersten Male in seinem Leben brauchte Moltke nicht zu knausern, und man erzählt, er habe bei diesem Aufenthalt 10 000 preußische Taler gespart und – höchst fortschrittlich – in Eisenbahnaktien angelegt. Die Zeiten materieller Not waren vorüber.

Moltkes Briefe über »Zustände und Begebenheiten in der Türkei aus den Jahren 1835–1839« (erschienen 1841 bei Mittler in Berlin) sind, knapp und spannend geschrieben, ebenso wertvolle Dokumente der damaligen Zeit wie die von Moltke gezeichneten Landkarten. Als er nach Konstantinopel kam, gab es keine Karte, in der wenigstens alle Ortschaften des Osmanischen Reiches eingetragen gewesen wären, und erste Angaben über Einwohnerzahlen trug der Militärberater aus Preußen durch Befragung der örtlichen Machthaber zusammen. Daß er gleich in seiner ersten Denkschrift für den Kriegsminister die »Einführung des preußischen Landwehrwesens in der Türkei« anregt, läßt ahnen, in welch jämmerlichem Zustand die türkische Armee sich befand, und Moltke notiert in seinem Tagebuch:

»Die Schützengilde einer kleinen deutschen Stadt gewährt ein weit militärisches Schauspiel als die Kaiserlichen Garden zu Konstantinopel.«

Auf welches Abenteuer in unbekannter Fremde er sich eingelassen hatte, machte schon die Hinreise deutlich:

»Der Wallache hat von seinem Vater gelernt, nie mehr anzubauen, als gerade ausreicht, sein Leben kümmerlich zu fristen; ein Mehr wäre nur die Beute seiner Machthaber oder seiner Feinde gewesen. Gewohnt, sich mit dem Allergeringsten zu begnügen, kennt er keine der tausend Bedürfnisse anderer Nationen, scheut die Dürftigkeit nicht so sehr wie die Arbeit, den Zwang der Gesittung mehr als das Elend der Barbarei. Von einer solchen Armut habe ich mir bisher keine Vorstellung zu machen gewußt.
Wir setzten unsere Reise zu Schlitten fort, wenn man diese schmeichelhafte Benennung für ein Fuhrwerk brauchen will, das eigentlich nichts war als eine mit vier Pferden bespannte Schleife, und diese noch dazu so eng und kurz, daß die Beine

über den Rand hervorragten und man bei der schnellen Bewegung sich nur mit äußerster Anstrengung im Sitz erhielt. Auch hatten wir die erste Post noch nicht erreicht, als unser Postillen gestürzt und ich zweimal aus dem Schlitten gefallen war. Der Führer des Miniaturfahrzeugs nahm davon nicht die mindeste Kenntnis; er jagte mit seinen kleinen Pferden weiter, und man hatte die äußerste Mühe, ihn durch Rufen darauf aufmerksam zu machen, daß er ein wesentliches Stück seiner Fracht verloren habe. Die Bäche waren in den Tälern über die Wege getreten, und wie man in solch einem ein Fuß hohen Schlitten durch drei Fuß tiefe Überschwemmungen fährt, magst Du Dir denken. Man wurde eben in vollem Rennen durch geschleift.«

Aber nicht nur im Schlitten, auch im Sattel erlebte der preußische Offizier Ungewohntes, und nicht nur heutige Militärattachés mit gepflegten Diplomatenallüren, sondern auch moderne Reiter mit ihren hochempfindlichen Pferden dürften bei der Lektüre solcher Berichte nachdenklich werden:

»Die Tartaren, wenn sie auch noch so früh aus Reiten, halten erst des Abends an. Die Pferde gehen oft zwölf bis vierzehn Stunden ohne Futter. Bergauf reitet man Schritt, in der Ebene einen kurzen Zuckeltrab; bergab aber, selbst auf abscheulichsten Wegen geht es Galopp. Sobald man das Nachtquartier nur aus der Ferne sieht, setzt sich alles in Karriere, und nun geht es mit vollem Rennen und lautem Allah-Ruf über halsbrecherisches Steinpflaster bis an den Hof der Karawanserei. Der Knecht führt die dampfenden Pferde wohl eine Stunde noch herum, der Reiter aber streckt sich auf das Kissen am Kaminfeuer. Jeder legt sich schlafen, angezogen wie er ist. Wer nicht an Reisen zu Pferde gewöhnt und überhaupt ziemlich rüstig ist, dem kann ich einen Ritt im Winter mit Tartaren nicht empfehlen.«

Jeder Reisetag bringt dem doch wohl »ziemlich rüstigen« Hauptmann von Moltke neue, überraschende Erfahrungen orientalischen Lebens:

»Hunger, Kälte und Ermüdung nach vierzehnstündigem Ritt schütteln mir die Glieder mit Fieberfrost, und die kurzen Steigbügel des Tartarensattels hatten meine Beine fast gelähmt. Man schlug mir vor, ins türkische Bad zu gehen. Da ich von diesem Bade keine Vorstellung hatte, schleppte ich mich mühsam dahin. Wir traten in ein weites, hohes Gewölbe, in dessen Mitte ein Springbrunnen plätscherte, der mir die Kälte anschaulich machte, die in diesen Räumen herrschte. Ich verspürte nicht die geringste Versuchung, nur das kleinste Stück meiner Toilette abzulegen; überdies sah ich durchaus keine Badewanne und dachte nur mit Schrecken an den Springbrunnen und seine Eiszapfen. Mit Erstaunen erblickte ich auf der hölzernen Estrade, welche rings das Gemach umgab, mehrere Männer auf Teppichen und Matratzen liegen, bloß mit einem dünnen Leintuch zugedeckt, behaglich die Pfeife rauchend und sich wie an einem schwülen Sommertage an der Kühle labend, die mir in diesem Augenblick so entsetzlich schien.

Der Badwärter führte uns in ein zweites Gewölbe, in welchem schon eine ganz anständige Hitze war. Hier bedeutete man uns, daß wir uns entkleiden möchten; man wickelt sich in ein halbseidenes blaues Tuch und bekommt ein Handtuch als Turban um den Kopf, von welchem angenommen wird, daß er nur aus Versehen nicht geschoren ist. Nach dieser Entkleidung schob man uns in eine dritte gewölbte Halle, deren marmorner Fußboden so stark geheizt war, daß man ihn nur auf hölzernen Pantinen betreten konnte. Unter der Mitte der Kuppel, durch deren sternförmige, mit dickem Glas geschlossene Öffnungen das Tageslicht eindringt, erhebt sich ein hohes Plateau mit Marmor, Jaspis, Porphyr und Agat reich ausgelegt, auf welches man sich behaglich hinstreckt. Der Bade-

wärter schreitet nun zu einer ganz eigentümlichen Prozedur. Der Mann kniet einem auf der Brust oder fährt mit dem Knöchel des Daumens das Rückgrat herab; alle Glieder, die Finger und selbst das Genick bringt er zum Knacken. Wir mußten oft laut auflachen, aber der Schmerz nach dem mühseligen Ritt war verschwunden. Der Patient wird nun demselben Verfahren unterworfen wie die türkischen Pferde beim Striegeln, indem nämlich der Wärter einen kleinen Sack aus Ziegenhaar über die rechte Hand zieht und damit den ganzen Körper anhaltend überfährt. Das ist eine gründliche Reinigung, und man möchte sagen, daß man noch nie gewaschen gewesen ist, bevor man ein türkisches Bad genommen.«

Man kann sich leicht vorstellen, wie begierig Moltkes Mutter, der Vater, die Geschwister und Kameraden, denen diese Briefe galten, solche Schilderungen einer in Preußen schwer vorstellbaren fernen Welt aufgenommen haben. Es fällt auf, wie genau der junge Hauptmann beobachtet und wie präzise er auch Details wiedergibt, ohne jemals in die zu dieser Zeit weit verbreiteten Sprachschnörkel und Gefühlsschilderungen zu verfallen. Wenn er über seine Eindrücke von Frauen und Sklaven in der Türkei berichtet, spürt man, wie offen und unbefangen, dabei kritisch und mit fest gefügten Vorstellungen er sich einer neuen Kultur nähern kann. Es versteht sich, daß der junge Mann gern den hübschen – christlichen – Armenierinnen den Hof gemacht hätte, denn die islamischen Türkinnen bekam er kaum zu Gesicht. Aber auch das erwies sich als schwierig:

»Leider spricht keine ein Wort Französisch. Man kann sich mit einem Pascha durch den Dolmetscher unterhalten, aber mit jungen Damen ist das sehr hart.

Auf einen Europäer macht es einen eigenen Eindruck, sich von den Töchtern des Hauses aufwarten zu lassen. Sie bringen Dir die Pfeife, reichen den Kaffee und bleiben mit ver-

schränkten Händen vor Dir stehen, bis Du sie aufforderst, sich zu setzen. Es liegt aber darin für sie durchaus nichts Demütigendes und ist auch in der Tat nur das alt biblische naturgemäße Verhältnis. Wenn wir die Wahrheit sagen sollen, so müssen wir gestehen, daß bei uns ein junges Mädchen von dem Brautstande in den Ehestand eine Stufe herabsteigt, denn die Vergötterung mit welcher ihr gehuldigt wurde, kann unmöglich für die Dauer eines Lebens vorhalten. Im Orient wird die Frau durch die Ehe gehoben, und wenn sie auch dem Manne untertan bleibt, so herrscht sie doch in ihrer Wirtschaft über Mägde und Dienstboten, die Söhne und Töchter.«

Verschleiert

Die Tochter eines Vetters von Moltke erlebte als Kind dessen Rückkehr aus der Türkei und erzählte später:

»Eines abends, an dem er am Teetisch eine türkische Schildwache zeichnete, erzählte er, daß die Türkinnen stets verschleiert wären. So fragte ich ihn bedauernd: Eine Dame kannst Du wohl nicht zeichnen? Da erschien das feine ironische Lächeln auf seinem Gesicht; er nahm den Stift und zeichnete ein weibliches Gesicht mit scharf gebogenen Augenbrauen und von großer Schönheit. Aber Onkel, woher weißt Du, wie sie aussah, fragte ich. Nun, ich sah hinter den Schleier, sagt er ganz ernst. Warum die Erwachsenen alle lachten, begriff ich damals gar nicht.

Moltkes unbeirrte Vorstellung von einer »alt biblischen, naturgemäßen« Rolle der Frau gegenüber dem Mann dürfte den üblichen Ansichten seiner Zeit entsprochen haben. Er heiratete erst vier Jahre nach der Rückkehr aus der Türkei. In seinen Schilderungen der Sklaverei spürt man noch, daß die Bauernbefreiung in Preußen gerade erst 30 Jahre zurücklag:

»Wenn von der Sklaverei im Orient die Rede ist, so war dabei fast immer der himmelweite Unterschied übersehen worden, welcher zwischen einem türkischen und einem Negersklaven in Westindien stattfindet. Schon der Name Sklave in dem Sinne, welchen wir mit jenem Wort verbinden, ist falsch. Abd heißt nicht Sklave, sondern Diener. Abdallah, der Diener Gottes. Ein gekaufter türkischer Diener ist unendlich besser dran als ein gemieteter. Eben weil er das Eigentum seines Herren, und dazu ein teures Eigentum ist, schont er ihn; er pflegt ihn, wenn er krank ist und hütet sich wohl, ihn durch übertriebene Anstrengung zu Grunde zu richten. Von Arbeiten wie in den Zuckerplantagen ist da überhaupt nicht die Rede, so wenig wie denn dem Türken im allgemeinen Mäßigung, Billigkeit und Wohlwollen gegen die Seinigen abzusprechen sind. Bestimmt doch der Koran: daß Sklaven und Sklavinnen mit nicht mehr als sechs Geiselhieben gezüchtigt werden sollen . Die Unfreiheit eines türkischen Sklaven ist kaum größer als die eines leibeigenen Bauern, ein Verhältnis, welches wir bis vor wenigen Jahren bei uns selbst erblickten und welches von einer gewissen Stufe der Kultur unzertrennlich ist. Dabei ist aber die ganze übrige Lage des Sklaven ungleich milder als die des schollenpflichtigen Bauern.

Wenn irgendeine europäische Macht die Freilassung aller Sklaven im Orient bewirkte, so würden diese ihr wenig Dank dafür wissen. Als Kind in das Haus eines Brotherren aufgenommen, bildet der Sklave ein Glied der Familie. Er teilt die Mahlzeiten mit den Söhnen des Hauses, wie er die Arbeit in der Wirtschaft mit ihnen teilt; diese besteht meist darin, ein Pferd zu warten oder seinen Herren zu begleiten, ihm die Kleider nachzutragen wenn er ins Bad geht oder die Pfeife wenn er ausreitet. Tausende von Sklaven haben kein anderes Geschäft als Kaffee zu kochen und die Pfeife in Stand zu halten.

Der wohlbegründete Vorwurf hingegen, welchen man auch der orientalischen Sklaverei machen kann, ist die Härte, mit

welcher gegen eine Summe Geld ein tscherkessischer Vater sich auf ewig von seinem Kinde trennt und dergleichen Abscheulichkeiten mehr.«

Heute erscheint es schwer verständlich, daß ein junger, gebildeter Offizier über 40 Jahre nach der Französischen Revolution und ihren weltweit wirkenden Forderungen nach Freiheit, Gleichheit und Brüderlichkeit die orientalische Sklaverei beinahe kritiklos akzeptiert und ihre positiven Seiten hervorhebt. Es scheint, daß Moltkes lebenslange zutiefst konservative Haltung vom geistigen Aufbruch seines Zeitalters schon in jungen Jahren weitgehend unberührt geblieben ist. Als er in die Türkei aufbrach, hatte die Romantik, die wichtigste deutsche geistige Bewegung, die jungen Eliten des Landes vereint, die demütigende Niederlage von 1806 war zum neuen Anfang intellektueller wie nationaler Besinnung geworden, der Freiheit des Denkens und Handelns mit den erst langsam aufgenommenen Ideen der Aufklärung war der Boden bereitet. Am 17. März 1813 erst hatte Friedrich Wilhelm III. »An mein Volk« die wichtigsten Güter der Nation genannt: »Gewissensfreiheit, Ehre, Unabhängigkeit, Handel, Kunstfleiß und Wissenschaft«. Aber der Aufbruch zu nationaler Einheit war längst der Restauration zum Opfer gefallen, und Konservative wie Moltke vermochten weder die bürgerliche Revolution von 1848 noch das kommunistische Manifest aus demselben Jahr in ihr Denken zu integrieren.

Es scheint, daß dem jungen Moltke Überlegungen von einer möglichen sozialen Revolution gänzlich fremd waren. Zwar bemerkt er in seinen Briefen aus der Türkei:

»Die bitterste Armut zeigt sich neben dem üppigsten Luxus, nirgends gibt es mehr Vorliebe für Schmuck als hier, und die Juwelen, welche in reichen Familien selbst Kinder tragen, sind ein glänzender Beweis für die Armut des Landes.«

Das klingt beinahe kritisch, aber Moltke bleibt sein Leben lang der exakte analytische Beobachter, zu dessen Aufgaben nicht die Veränderung des Bestehenden gehört. Nüchtern und ohne sonderliche Anteilnahme schildert er den Daheimgebliebenen eine Züchtigung in Konstantinopel:

»*Heute habe ich zum erstenmal an der Pforte des Kriegsministers die Bastonade austeilen sehen. Es waren fünf Griechen, die jeder mit 500 Hieben, in Summa 2500 Streichen, auf die Fußsohlen bedacht werden sollten. Ein Polizeioffiziant kniete dem Beschuldigten auf der Brust und hielt ihm die Hände, zwei trugen eine Stange auf den Schultern, an welche die Füße gebunden werden, und zwei andere führten die Stöcke. Aus besonderer Aufmerksamkeit für mich, erbot der Pascha sich, 200 Stück pro Kopf, oder vielmehr pro Fußsohle, herabzulassen. Ich fand den Rest noch recht beträchtlich und schlug ihm 25 Hiebe vor, worauf er sich auf 50 herab handeln ließ. Diese Huld wurde den Patienten mit der besonderen Bemerkung mitgeteilt, daß es dem preußischen Herrn zu Gefallen geschähe.*«

So leidenschaftslos, stets zurückgezogen auf die Rolle des Beobachters, wird Moltke 30 Jahre später die blutige Schlacht bei Königgrätz schildern. Obwohl seine Aufgaben als militärischer Berater der Pforte und insbesondere seine aktive Teilnahme an den Kämpfen gegen die Ägypter und – damals schon – die Kurden im Mittelpunkt seines Türkeikommandos standen, dokumentieren seine Briefe nach Hause – für viele Empfänger gewiß zum ersten Male – den Alltag in einem islamischen Land. Über die Situation der Frau schreibt er:

»*Die Ehe ist im Orient rein sinnlicher Natur, und der Türke geht über das ganze ›Brimborium‹ von Verliebtsein, Hofma-*

chen, Schmachten und Überglücklich sein hinweg zur Sache. Die Heiratsangelegenheit wird durch die Verwandten abgemacht, und der Vater der Braut bekommt viel öfter eine Entschädigung für den Verlust eines weiblichen Dienstboten, als daß er der Tochter eine Aussteuer mitgebe.

Obschon das Gesetz den Rechtgläubigen vier Frauen erlaubt, so gibt es doch nur sehr wenig Türken, die reich genug wären, um mehr als eine zu heiraten. So viele Frauen, so viele besondere Haushaltungen und Wirtschaften muß er haben, denn die Erfahrung hat gezeigt, daß zwei Frauen in einem Wohnhaus sich nicht vertragen, dagegen gestatten Gesetz und Sitte dem Moslem, so viele Sklavinnen zu haben wie er will.

Die Weiber sind streng bewacht und von allem Umgang, außer mit Frauen, geschieden. In diesem Punkte sind alle Muselmänner einverstanden, und die Reformen werden gewiß zu allerletzt in die Harems eindringen. Die Fenster sind mit Holzgittern und dahinter von oben bis unten mit dichtem Rohrgeflechte geschlossen, so, daß niemand von außen das mindeste vom Inneren erblickt. Gewöhnlich gestattet ein kleines rundes Loch diesen Gefangenen einen Blick hinaus in die schöne freie Welt, oft aber siehst Du auch hohe Bretterverschläge, welche den reizenden Anblick des Bosporus verstecken, damit die vorüber fahrenden Boote mit Männern nicht von den Frauen bemerkt werden. Es ist freilich bequemer, der einzige Mann zu sein, den die Frau sieht, als unter vielen der liebenswürdigste.

Die größte Reform in dem Schicksal der türkischen Frauen besteht darin, daß bei Begünstigten, wie denen des Großherren die Nasenspitze und ein paar Locken an den Seiten sichtbar geworden sind. Den Rest des Körpers bedeckt ein weites Gewand aus einem leichten, schwarzen, hellblauen oder braunen Stoff. Ebenso unschön ist die Fußbekleidung aus ledernen Strümpfen und Pantoffeln, welche bei den Türkinnen gelb, bei den Armenierinnen rot, bei den Griechinnen

schwarz und bei den Jüdinnen blau sind. So schleichen sie langsam und schwankend wie Gespenster unerfreulichen Anblicks einher.

Wer sich durch ›Tausend und eine Nacht‹ verleiten läßt, das Land der Liebesabenteuer in der Türkei zu suchen, kennt die Verhältnisse wenig. Bei den Türken herrscht in dieser Beziehung die trockenste Prosa. Wird eine türkische Frau des Treuebruchs mit einem Moslem überführt, so verstößt sie ihr Gemahl mit Schimpf; hatte sie aber Verkehr mit einem christlichen Untertan der Pforte, so wird sie noch heute, im Jahre 1836, ohne Gnade ersäuft und der Christ gehenkt. Ich bin selbst Zeuge dieser Barbarei gewesen.«

Ein junger europäischer Hauptmann konnte damals aus Konstantinopel über »Zustände und Begebenheiten« berichten, die in Preußen, insbesondere bei Mutter, Schwestern und Nichten, die sehnsüchtig jede Nachricht erwarteten, gelindes Entsetzen ausgelöst haben dürften:

»Auf einem Spaziergang begegnete ich unlängst einer Koppel schwarzer Sklavinnen, die, ich glaube, aus Oberägypten kamen. Jene gleichen kaum Menschen. Es ist der Übergang zur tierischen Gesichtsbildung. Der ganze Anzug dieser Damen bestand in einem Stück Sackleinwand, dennoch fehlte der Putz nicht, denn blaue Glasringe umgaben die Knöchel und die Handgelenke, und das Gesicht war durch tiefe Einschnitte in die Haut verschönt. Sie drängten sich um mich und riefen aus roher Kehle unverständliche Worte. Ihr Führer bedeutete mich, daß sie fragten, ob ich eine von ihnen kaufen wollte. Eine solche Sklavin kostet durchschnittlich 150 Gulden, das heißt: etwas weniger als ein Maultier. Auf dem Sklavenmarkt zu Konstantinopel habe ich weiße Sklavinnen nicht sehen dürfen, von schwarzen saß eine große Zahl im Hofe. Und alle wollten gekauft sein.«

Sieg durch Bezahlung

Solch orientalische Verhältnisse herrschten natürlich auch in der türkischen Armee, wo Moltkes – von Landwehr und preußischem Exerzierreglement geprägten – Überlegungen und Vorschläge begeistert aufgenommen und fast nie befolgt wurden. »Dem Orientalen zu helfen ist ebenso schwer wie mit ihm zu arbeiten«, schreibt Generaloberst von Seeckt, der eigene Türkeierfahrungen aufzuweisen hatte, beinahe 100 Jahre später in seinem Moltke-Buch. Als eine Festung sich ergab unter der Bedingung der Nachzahlung des ausstehenden Soldes, meinte Moltke, dies sei vermutlich der sicherste Weg, die ägyptische Armee zu schlagen. Trotzdem hat er vier Jahre lang gewissenhaft und mit anscheinend unbeirrbarer Zähigkeit seinen Auftrag erfüllt, wobei der Leser 150 Jahre später den Eindruck gewinnt, als habe Moltke in keiner Situation auch nur für einen Augenblick seine preußische Haltung türkischen Vorstellungen und Verhältnissen angepaßt. Er bleibt der dienstbereite Fremde, der nach einer militärischen Niederlage seiner Gastgeber unbeeindruckt feststellt:

»Ein türkischer kommandierender General, welcher geschlagen ist, weiß nicht allzu gewiß, ob er einen Kopf auf den Schultern hat oder nicht. Alles Kommando hört dann auf, daher ist von einer Verfolgung des Siegers in diesen Ländern noch ein unendlich größeres Resultat zu erwarten als überhaupt schon sonst. Die Korrespondenz mit Konstantinopel mittelst Tartaren erfordert mindestens sechzehn Tage, und deshalb weiß Hafiss-Pascha heute noch nicht, ob er Kriegsminister des Orients oder ein verurteilter Verbannter ist. Diese Entscheidung wird täglich erwartet.«

»Eine Verfolgung des Sieges« wird Moltke 27 Jahre später nach dem Triumph von Königgrätz keinen Augenblick lang

versäumen, und sein König stand während der Schlacht neben ihm und wartete nicht 16 Reitertage entfernt in der Hauptstadt auf Nachricht. Für den vom Kriegsglück verlassenen Hafiss-Pascha, der nicht wußte, »ob er einen Kopf auf den Schultern hat oder nicht«, legte Moltke – höchst unüblich in der Türkei – sogar ein gutes Wort ein, weil »der Augenblick, wo ganze Korps ihre Waffen weggeworfen und die Flotte übergegangen, nicht der passende Augenblick ist, um strenge gegen einen General zu verfahren, der unglücklich, aber persönlich brav gegen einen überlegenden Feind gefochten hatte«. Das hat dem Pechvogel vermutlich das Leben gerettet.

Es muß den auf Befehl und Gehorsam, Pflicht und Verantwortung eingeschworenen preußischen Offizier oft schwer gewesen sein, türkische Mentalität richtig einzuschätzen, wobei ihm – wie er selbst eingesteht – mancher Fehler unterlief:

»Wenn in der Türkei ein Mann von einiger Bedeutung (hier spricht Moltke von sich selbst – W. H.) ankommt, so ist es unerläßlich, daß einige der vornehmsten Einwohner ihm schon vor der Stadt entgegengehen, man hilft ihm vom Pferde, stützt ihn, wenn er die Treppe hinaufsteigt, zieht ihm die Stiefel aus und legt ihn auf das Kissen rechts vom Kamin. Der Musslim, oder wer der Herr des Hauses sein mag, räumt sogleich das Zimmer; er läßt sich nur auf ausdrückliche Einladung nieder, und wenn man ihm gestattet, von seinem eigenen Kaffee zu trinken, so empfängt er ihn mit einer tiefen Verbeugung und dem Gruße mit der Hand auf der Erde. ›Das Haus ist Deins‹ ist nicht die bloß übliche Redensart, und ein solcher Gast muß zum Abschiede noch obendrein reichlich beschenkt werden. Die größeren Paschas haben oft fünfzig Diener, die nicht bezahlt sind und nur durch Reiseaufträge entschädigt werden; wo sie die Nacht bleiben, erhalten sie ein Geschenk. Mir führte ein Musselim ein junges Pferd und meinem türkischen Diener

einen halben Beutel zu; er war sehr betreten, daß ich mich weigerte, sein Geschenk anzunehmen und beteuerte, daß in der ganzen Stadt kein edleres Tier zu haben sei; denn einen anderen Grund konnte er nicht denken, als daß mir die Gabe zu gering sei. Der Musselim macht solche Geschenke keineswegs aus seiner Tasche, sondern erholt sich an den Einwohnern, besonders den christlichen. Als ich vollends beim weg reiten vergütete, was ich und meine Leute verzehrt, da sank ich bedeutend in der Achtung des Musslims, denn man muß in der Türkei schon sehr miserabel sein, um zu bezahlen; wer kann, der nimmt ohne Geld.«

Auch in seinem Bericht »Die politisch militärische Lage des Osmanischen Reiches im Jahre 1836« beschreibt der preußische Militärberater eines der größten Hemmnisse jeder geplanten Reform:

»Geschenke sind hier allgemein üblich. Ohne ein Geschenk darf der Geringere sich dem Höheren nicht nahen; wer Recht bei seinem Richter sucht, muß eine Gabe mitbringen. Beamte und Offiziere empfangen Trinkgelder; aber wer am meisten geschenkt nimmt, ist der Großherr selbst.«

Man wird bei der Lektüre solcher Betrachtungen und Erfahrungen deren wissenschaftlichen Wert nicht unterschätzen dürfen. In der ersten Hälfte des 19. Jahrhunderts waren die wenigen Orientalisten an europäischen Universitäten vor allem Sprachwissenschaftler, Reisen in den Nahen Osten waren seltene Ausnahmen, Begegnungen mit orientalischen Sitten und Bräuchen kaum einmal möglich. Auch die heute noch politisch brisante »Kurden-frage« ist erst durch Moltke einem größeren Kreis gebildeter Leser nahegebracht worden. Nach seiner Rückkehr hat er in der »Augsburger Allgemeinen Zeitung« 1841 einen ausführlichen Aufsatz »Das

Land und Volk der Kurden« veröffentlicht. Drei Jahre zuvor berichtet er anschaulich aus der Türkei über den Krieg gegen die Kurden, in dem er aktiv mitgekämpft hat:

»Der Widerstand der Kurden war nicht so allgemein beseitigt, wie wir gehofft hatten. Hier gibt es ein Hochgebirge, welches bisher allen türkischen Armeen unzugänglich gewesen. Es erheben sich schroffe Kegel und Rücken, von welchen der Schnee noch heute 1000 bis 2000 Fuß hinab reicht und die zu den höchsten Bergen ganz Kleinasiens gezählt werden. Keine der Ortschaften zahlt Abgaben, keiner der Einwohner läßt sich zum Militärdienst zwingen.

Um nun das Karasanngebirge der Pforte zu unterwerfen, wurde eine bedeutende Rüstung unternommen. Man rechnete die Gegner auf 30000 Gewehre; es fehlt ihnen aber aller Zusammenhang, kein Führer steht an ihrer Spitze, keine Festung gibt ihrem Widerstand dauernde Kraft.

Einen eigentlichen Weg darfst Du Dir nicht vorstellen. Wir hatten zehn starke Pferde vor jedem Geschütz, und so ging es über Steine und Geröll, in Flußtälern an Berghängen hin; oft aber war der Pfad so gewunden und steil, daß Menschenhände das Beste tun mußten. Niemals hätte ich gedacht, daß bei einem Kriege in der Türkei mir die Saatfelder ein Hindernis beim Lager abstecken sein würden. Wir zogen durch befreundete Kurdendörfer und respektierten die Saat als ob es Teltower Rübenfelder wären; dies Verfahren ist sehr klug und nicht genug zu rühmen. Auch kamen die Kurden ohne Furcht nach dem Bazar in unser Lager, wo sie ihre Waren zum Kauf brachten. Das ist ein mächtiger Schritt zur guten Ordnung.

Wir waren einen kleinen Marsch vom Städtchen Hasu, welches freundlich gesinnt ist. Der Pascha schickte mich zu einer Rekognoszierung vor, um das Lager für den nächste Tag auszusuchen, dazu gab er mir ein Dutzend Reiter mit, die nur mit Lanzen, Säbeln und Schilden bewaffnet waren. Als unterwegs

von den Bergen ein paar Schüsse fielen, wollten sie nicht weiter, und da ich mit ihnen nicht sprechen konnte, so blieb mir nichts übrig als allein weiter zu reiten. Ich fand das Dorf verlassen, den Lagerplatz äußerst günstig. Nachdem ich dem Pascha diesen Bericht gemacht, nahm ich Gelegenheit, ihm zu sagen, daß man bei uns einem rekognoszierenden Offizier eine Patrouille Infanterie, auch wohl, wenn es nötig, ein Bataillon mit einigen Geschützen mitgebe.«

Hier wird ein für Moltke sehr typischer Charakterzug deutlich: Der Offizier führt einen Befehl, auch wenn er dadurch in Lebensgefahr gerät, erst einmal aus; anschließend jedoch äußert er offen seine abweichende, kritische Meinung.

»Das Dorf wurde sofort in Brand gesteckt, ich suchte vergebens einzureden: man müsse den Flüchtigen Strenge zeigen, denen die blieben hingegen Pardon schenken, sonst käme man nie zu Ende. Aber unterwegs wurde wohl ein Dutzend Dörfer angezündet. Endlich gelangten wir an ein großes Dorf, dessen Einwohner nicht geflohen; sie standen vielmehr auf den flachen Dächern ihrer Häuser, feuerten schon aus der Ferne auf uns und riefen: wir möchten nur näher kommen. Das Dorf lag etwa 200 Fuß hoch am Fuße einer steilen Felswand: Ich schlug auf Befragen vor, mit Tirailleurs (Schützen – W. H.) das Dorf links zu umgehen, wo ein Hügelrücken und Bäume uns gegen sein Feuer deckten, dann die hintere Felswand zu ersteigen und so von oben herab das Dorf zu stürmen, wodurch den Einwohnern jeder Rückzug abgeschnitten, denn sonst hätte man sie morgen noch einmal zu bekämpfen. Bald standen wir den Einwohnern über den Köpfen; ein Hagel von Schüssen vertrieb sie von ihren flachen Dächern, und mit Schrecken sahen sie ihren Rückzug bedroht. Jetzt ging es mit Allah! Allah! in das Dorf hinab: viele Flüchtlinge wurden mit dem Bajonett niedergestoßen, andere entkamen auf Umwegen.

Ich hatte die ganze Partie zu Maulesel mitgemacht, weil ich schon seit einigen Tagen aus Erschöpfung zu schwach zum Gehen war. Die Häuser waren vollgestopft von Sachen, wahrscheinlich von den nächsten Dörfern, und die Soldaten kehrten mit Beute beladen zurück. Ein Kavallerist bat mich ganz treuherzig, sein Pferd zu halten, was ich tat, bis er seine Taschen gefüllt. Aber der Aufenthalt im Dorfe war sehr unfreundlich, da man von oben noch immer schoß. Man mußte sich dicht an die Mauern pressen; zuletzt hielt nur noch ein Haus, es widerstand vier bis fünf Stunden lang mit der wütendsten Verzweiflung; der Häuptling des Orts hatte sich mit seiner Fahne niedergeworfen. Für ihn war keine Rettung auf dieser Erde, denn Gnade konnte er nicht hoffen, er wollte daher nur sein Leben teuer verkaufen; durch dieselbe Fensteröffnung schoß man hinein und heraus.

Ich war währenddessen zu Hafiss-Pascha geritten, welcher dem Kampfe von einem kleinen Hügel zusah; dorthin brachte man die Trophäen und Gefangenen: Männer und Weiber mit blutenden Wunden, Säuglinge und Kinder jeden Alters, abgeschnittene Köpfe und Ohren, alles wurde den Überbringern mit einem Geldgeschenke von 50 bis 100 Piastern bezahlt. Der schweigende Kummer der Kurden, die laute Verzweiflung der Frauen gewährten einen herzzerreißenden Anblick.

Seitdem ich mit den türkischen Truppen diese freilich unbedeutende Kampagne mitgemacht, habe ich einiges Vertrauen gewonnen. Die Leute gingen prächtig ins Feuer; der Fatalismus in ungeschwächter Kraft und Beutelust sind freilich mächtige Hebel für ihren Mut. Den schwierigen Marsch machte unsere Brigade barfuß, die elenden Schuhe in der Hand. Zum Gefecht wickelt sich der Soldat seine ganze Toilette samt dem Mantel als Gurt um die Hüften, was gar nicht übel ist. Die Gewehre sind schlecht und machten wenig Anspruch auf treffen; auch zielen die Leute gar nicht. Während man das Dorf stürmte, bemerkte ich einen Tschausch, der mit abgewandtem Gesicht in Gottes blaue Luft hinein feuerte. Kamerad, sagte

ich, wohin hast Du eigentlich geschossen? Es schadet nichts, Väterchen, will's Gott, so hat's getroffen, antwortete er und feuerte rasch noch eins in derselben Richtung. Es ist aber auch wahr, daß wir die meisten Verwundeten von unseren eigenen Kugeln hatten.«

Im Kurdenlager

Außerhalb der kriegerischen Auseinandersetzungen zwischen Türken und Kurden hat Moltke jede Gelegenheit genutzt, Lebensweise und Brauchtum der Kurden zu studieren. Das ging nicht ohne Strapazen ab:

»*Dieser Marsch wurde mir der mühsamste, den ich gemacht; vier tiefe Täler mußten wir durchschreiten, zu denen man sich wohl 2000 Fuß hinab windet, um jenseits ebenso hoch wieder hinaufzuklettern. Während des ganzen Tages bekamen wir keine menschliche Wohnung zu sehen. Nachdem wir die größte Höhe des Gebirges erstiegen, erblickten wir plötzlich tief unter uns ein reizendes Tal. Mit der letzten Anstrengung unserer müden Tiere kletterten wir hinab und erreichten nach achzehnstündigem Ritt ein Dorf, welches unter den riesenhaftesten Nußbäumen versteckt lag, die ich je gesehen. Aber wie groß war unser Verdruß, als wir alle Häuser leer fanden.*

Die Kurden ziehen während des Sommers oft aus ihren Dörfern und bringen die heiße Jahreszeit mit den Herden auf den kühlen Bergen zu. Wir mußten noch eine neue Bergwand erklimmen. Indem wir aus dem Gebüsch heraustraten, befanden wir uns plötzlich mitten im Kurdenlager. Die schwarzen Zelte standen in einem weiten Kreise herum, die Weiber waren mit den Herden beschäftigt, die Männer lagen auf Teppichen und rauchten ihre Pfeifen.

Unsere Erscheinung verursachte einen allgemeinen Aufstand. Wenn ich daran dachte, wie diese armen Menschen in letzter Zeit von den Türken behandelt worden, wie man ihre Dörfer verbrannt, ihre Saaten zertreten und ihre Söhne für den Dienst gewaltsam weggeführt, so blickte ich nicht ohne einiges Mißtrauen auf diese Szene. Meine Marinetruppe war in der Tat nicht sehr formidabel und mein bewaffnetes Gefolge schwach; aber der Empfang verscheuchte bald jede Besorgnis. Der Älteste des Lagers eilte sogleich herbei, hob mich vom Pfer-

de, führte mich in sein eigenes Zelt auf seine besten Kissen, und seine Frau (die älteste, jedoch nicht die schönste Dame ihres Stammes) ließ sich's nicht nehmen, nach alt orientalischem Brauch ihrem Gaste die Füße zu waschen; die Pfeife fehlte nicht, aber Kaffee war ein Luxusartikel, der in diesem Lager nicht vorhanden war, dagegen wurde sogleich eine Ziege zum Abendbrot bestimmt. Die Ältesten aus den verschiedenen Familien erschienen; sie kauerten nach erlassener huldreicher Aufforderung an der Erde nieder und boten mir einer nach dem anderen ihre Pfeife.«

In solchen Schilderungen der in der Türkei schon damals als Minderheit unterdrückten Kurden wird ein auch später wesentlicher Charakterzug des Hauptmann von Moltke deutlich: Wenn seine Pflicht befiehlt, ein türkisches Dorf zu erobern, zu vernichten und die Verteidiger ohne Gnade zu ermorden, erdenkt er die militärisch wirkungsvollste Lösung der gestellten Aufgabe: Allein der Sieg zählt, selbst die kleinste menschliche Regung hat zu unterbleiben – Dienst ist Dienst. Trifft er jedoch außerhalb des Kampfes und seines militärischen Auftrages auf Kurden, so erinnert er sich sofort daran, »wie diese armen Menschen in letzter Zeit von den Türken behandelt worden, wie man ihre Dörfer verbrannt, ihre Saaten zertreten und ihre Söhne für den Dienst gewaltsam weggeführt«. Solch anscheinender Widerspruch findet sich immer wieder in Moltkes Denken und Handeln bis hin zur ersten großen Vernichtungsschlacht bei Königgrätz, die er befiehlt, nicht ohne jedoch anzumerken:

»Nur einen Teil der Geschütze war es noch möglich gewesen, abzufahren, zehn Achtpfünder waren stehengeblieben; Bedienungsmannschaft und Pferde lagen tot oder verwundet auf dem Platz. Der Kampf hatte Opfer gekostet, von denen der Blick sich am liebsten abwendet.«

Preußisches Erbe

Es mag sein, daß der in Moltke ausgeprägte Gegensatz von unerbittlicher Härte und echtem Mitgefühl, Pflichterfüllung, die sich selbst verbietet, nach Recht und Unrecht zu fragen und engagiertes Eintreten für Gesetz und Ordnung ein sehr typisches preußisches Erbteil ist. Professor Dr. Manfred Schlenke findet bei der Suche auf die Antwort der Frage »Was ist Preußen?« eine Fülle solcher Gegensätze:

- Das Land der Toleranz, das Glaubensflüchtlinge in großer Zahl aufnimmt und zugleich Liberale, Katholiken und Polen verfolgt;
- Preußen, in dem zwei so gegensätzliche Erscheinungen wie Absolutismus und Aufklärung in der Gestalt Friedrichs des Großen eine enge Verbindung eingehen;
- Preußen, in dem Verehrung militärischer Gewalt neben den Gedankenflügen hoher Geistigkeit angesiedelt ist.

Schlenke führt noch mehr Widersprüchliches an, was Preußens Bild ebenso gegensätzlich erscheinen läßt wie Moltkes Erscheinung. Es fällt Menschen des 21. Jahrhunderts – auch engagierten Soldaten –, denen Friedenserhaltung um jeden Preis als wichtigster Maßstab immer wieder eingeprägt wurde, schwer, sich in Moltkes ganz anderes Denken zu versetzen:

»Der ewige Friede ist ein Traum, und nicht einmal ein schöner, und Krieg ein Glied in Gottes Weltordnung. In ihm entfalten sich die edelsten Tugenden des Menschen, Mut und Entsagung, Pflichttreue und Opferwilligkeit mit Einsetzung des Lebens. Ohne den Krieg würde die Welt im Materialismus versumpfen.«

Das schreibt ein allem Schönen, Künstlerischen, Geistigen zutiefst verbundener Offizier. Auch fünf Generationen später ist hier der Ansatzpunkt für jede Diskussion über das

Wesen und die Bedeutung einer Armee zu suchen. Aber zurück zu den Kurden, wo dem erst 38jährigen Militärberater die Mädchen nicht weniger interessant erscheinen als sein Dienst für das Osmanische Reich:

»Die kurdischen Weiber gehen unverschleiert, aber die Angehörigen tragen Sorge, das man die Hübschen nicht leicht zu sehen bekommt; sie haben Ringe in den Nasen, und was von Geld im Lager vorhanden, tragen die Frauen im Haar. Ich verehrte meiner Wirtstochter ein ganzes Münzkabinett von schlechten Zwei-, Drei-, und Fünf Piasterstücken, deren man, Dank sei der Münze in Konstantinopel, eine ganze Menge für ein paar Taler beschaffen kann. Das Mädchen war nun in ihrem Stamm als eine reiche Erbin anzusehen, was Geld anbetrifft, und der Mutter machte ich eine große Freude, indem ich ihr meinen Vorrat von Kaffee zurückließ.«

Moltkes Biographen haben aus verständlichen Gründen, gelegentlich aber auch zur »Wehrertüchtigung« des deutschen Volkes, den Soldaten, Strategen, Feldherrn in den Vordergrund der Charakterisierung gestellt. Aber Moltkes Wesen setzte sich aus vielen unterschiedlichen Facetten zusammen, und weil er alles, was ihm begegnete, für wert hielt, mit immer gleicher Genauigkeit geschildert zu werden, gibt es zahlreiche Beschreibungen von Tieren, die ihn interessierten. Pferde spielten in seinem Leben selbstverständlich eine wesentliche Rolle, und ihre Schönheit, ihre Leistungsfähigkeit und ihr Charakter werden von Moltke immer wieder herausgearbeitet. Aber auch das Verhältnis seiner türkischen Gastgeber zu den Tieren, insbesondere den Hunden, schien ihm einen Bericht wert:

»Der Wohltätigkeitssinn der Türken dehnt sich bis auf die Tiere aus. In Skutari findest Du ein Katzenhospital und in dem Vorhof der Moschee Bajasids gibt es eine Versorgungsanstalt

für Tauben. Allerdings sind sie die Enkel einer gewissen Taube, die dem Propheten einst half, und es ist hübsch, zu sehen, wenn das Futter für die geflügelten Gäste auf dem Marmorboden des schönen Hofes gestreut wird. Dann stürzen Tausende von den Dächern der Moschee, von den Säulen und Kuppeln des Portikus und der Fontänen und aus allen Zweigen der großen Zypressen und Plantagen des Hofraums hervor. Das bunte Gewimmel läßt sich gar nicht beschreiben, und im Gefühle ihrer persönlichen Sicherheit gehen die kleinen Sinekuristen kaum den Menschen selbst aus dem Wege.

In den Häusern findet man niemals Hunde, aber in den Straßen leben viele Tausende dieser herrenlosen Tiere von den Spenden der Bäcker, der Fleischer und freilich von ihrer Arbeit, denn die Hunde haben hier fast ganz allein das Geschäft der Straßenreinigungskommissare übernommen. Fällt ein Pferd oder Esel, so wird das Tier höchstens bis an den nächsten Winkel oder irgendeine der zahllosen Brandstätten geschleppt und dort von Hunden verzehrt. Sehr auffallend ist es mir gewesen, wenn ich durch die Straßen ritt, die Hunde stets mitten in den Straßen schlafend zu finden. Nie geht ein Hund einem Menschen oder Pferde aus dem Wege, und Pferde und Menschen, die dies einmal wissen, weichen den Hunden, wenn es irgend möglich ist, aus, weil es offenbar bequemer ist, über einen Hund fort als auf ihn zu treten. Täglich kommen indes die schrecklichsten Verletzungen vor, überall hört man die Wehklagen der armen Tiere, und doch sieht man sie regungslos im dichtesten Gedränge auf dem Steinpflaster schlafen. Allerdings wäre es ganz unmöglich für diese vierbeinige Polizei, sich zu flüchten; alle Häuser sind verschlossen, und die Mitte der Straße ist immer noch der sicherste Platz für sie, weil es viel mehr Fußgänger als Reiter gibt. Es scheint übrigens, das sie die Ansicht der Türken über das Kismet oder Schicksal teilen, und man kann nicht leugnen, das diese Lehre vollkommen gut für die geeignet ist, welche stündlich erwarten können, gerädert zu werden oder an der Pest zu erkranken.«

Aber so lebendig und aufschlußreich sich Moltkes Berichte aus der Türkei auch heute noch lesen, so wichtig sie als zeitgenössische Quelle für die Kenntnisse von dieser fernen islamischen Welt waren, so stand die militärische Arbeit des jungen Hauptmanns natürlich im Vordergrund – und die war wenig befriedigend. Die Situation der türkischen Armee vor dem Feldzug gegen Ägypten stellt sich für Moltke katastrophal dar:

»*Man darf sagen, das die Pforte kaum je ein technisch besser ausgebildetes und doch in sich moralisch schlechteres Heer besessen als das Korps Hafiss-Paschas. Eine furchtbare Sterblichkeit während zweier Jahre hat zwei Drittel der Truppen hingerafft. Nun ist die Rekrutenaushebung in der Türkei eine so gewaltsame Operation, das die Regierung sie nur da vollziehen kann, wo sie durch Heeresmacht erzwingt. Der Ersatz war fast allein aus Kurdistan gekommen, das heißt aus eben besiegten Feinden, welche mit Gewalt und für immer ihrer Heimat entrissen waren. Sie wurden geknebelt gebracht und während ihrer ganzen Dienstzeit als Gefangene beaufsichtigt. Für jeden Deserteur wurden erst 25, endlich 100 Gulden gezahlt, an die, welche ihn zurückbrachten. Die Leute desertierten aus den Lazaretten, wo ihre von der Bastonade zerfleischten Füße geheilt wurden. Kein Wunder, das diesen Leuten der Tag einer verlorenen Schlacht als der erste Tag ihrer Befreiung erscheinen mußte. Aber selbst die alte Mannschaft war aufs Äußerste unzuverlässig; von einem Tartaren-Regiment desertierten einmal 45 Mann mit Pferden, Waffen und Offizieren. Der schlechteste Teil des Heeres war die Kavallerie. Man hatte die größte Mühe gehabt, das Ungestüm der alten osmanischen Reiter in die Fesseln europäischer Taktik zu schlagen, jetzt waren sie so zahm geworden, das man sie nicht an den Feind heranbringen konnte. Die schwächste Seite des Heeres waren die Offiziere. Von den Generalleutnants des Heeres war einer vor zehn Jahren noch Lastträger, einer von den Galeeren gekom-*

men. Major wurden sehr oft Pfeifenstopfer oder Kaffeediener eines Paschas, die den Befehl über ein Bataillon erhielten. Wissenschaftliche Bildung in unserem Sinne hatte niemand und Kriegserfahrung wenige.«

Die Schlacht bei Nisib

Angesichts solcher Zustände war es für Moltke klar, daß er nicht zum Krieg gegen Ägypten raten konnte, aber er hatte ja auch »über diese Frage nicht mitzusprechen« und enthielt sich »ebenso gewissenhaft, zu einem Krieg zu raten, dessen Folgen sich nicht absehen ließen als zu einem Frieden, welcher der Pforte ebenso verderblich werden konnte wie der Krieg«. Über die Schlacht bei Nisib, vor der Moltke ausdrücklich gewarnt hatte, gibt es seine ausführlichen, detaillierten Schilderungen, aus denen die unterschiedliche Auffassung orientalischer und preußischer Kriegführung deutlich wird. Moltke möchte eine Umgehung des Gegners durch einen Angriff vereiteln, aber das wird abgelehnt. Danach rät Moltke zu einem taktischen Rückzug auf »ein festes Schloß mit ungeheuren Vorräten«:

»Der Pascha erklärte es für eine Schande, zurückzugehen, der Feind würde uns überhaupt nicht anzugreifen wagen, worauf ich ihm erwiderte, er möge meine rechte Hand abhauen, wenn der Gegner ohne eine Schlacht zurückginge. Da es sich um die wichtigsten Interessen handelte, so nahm ich nicht Anstand, in Gegenwart der höheren Offiziere aufs Freimütigste und Nachdrücklichste zu sprechen; ich stellte dem Pascha die geringe Zuverlässigkeit seines Heeres und die Stärke der Gegner vor. Unsere Verstärkung sei von allen Seiten im Anzuge und es käme also nur darauf an, Zeit bis zu ihrer Ankunft zu gewinnen, alle kleinlichen Rücksichten kämen gar nicht in Betracht, wo soviel auf dem Spiele stände.«

Die Antwort, die Moltke erhielt, muß einen jungen preußischen Offizier zur Verzweiflung gebracht haben:

»Die Nachricht könne kaum richtig sein, der Gegner beabsichtige, sich morgen früh zurückzuziehen. Die Sache des Sultans sei gerecht, Allah werde ihm Hilfe verleihen, und aller Rückzug sei schimpflich.
Ich forderte nochmals auf, Befehl zum Abmarsch zu geben, und verlangte, da er es bestimmt verweigerte, meine Entlassung. Es verstehe sich von selbst, das ich das Gefecht wie jeder andere Soldat mitmachen werde, das aber meine Stellung als Ratgeber von Stund' an aufgehört habe. Im ersten Verdruß hatte Hafiss-Pascha meinen Abschied bewilligt, aber schon nach wenigen Minuten rief er mich wieder. Ich hielt es nun für meine Pflicht, aus den mißlichen Umständen, in die wir uns ohne Not begeben, das Beste zu machen, was daraus zu machen war.«

Aber viel zu machen war nicht mehr; die Schlacht ging verloren, die Moral der Türken erwies sich so, wie von Moltke erwartet:

»Der Rückzug kostete fünf Sechstel des ganzen Korps und außerdem das ganze Material der Artillerie. Die Landwehr ging fast in corpore nach Hause. Ich selbst war bis zur gänzlichen Kraftlosigkeit erschöpft. Mein Pferd hatte ich in der Nacht vor der Schlacht, dann während derselben und zwei Tage und eine Nacht nach derselben geritten, ohne das das Tier etwas anderes als dürres Gras zu fressen bekam.«

Es ist später oft versucht worden, den Eindruck zu erwecken, als wäre die Schlacht bei Nisib von den Türken zu gewinnen gewesen, wenn Moltkes Ratschläge befolgt worden wären. Aber das ist eher Wunschdenken, entsprungen einem falschen Patriotismus, der eine Niederlage des ruhmreichen Siegers von Königgrätz und Sedan nicht wahrhaben wollte. Es mag auch

sein, daß Moltke in seinen Schilderungen sich selbst in einem guten Lichte dargestellt hat, ein Charakterzug, der ihm auch später treu geblieben ist – er hat immer Wert darauf gelegt, vor der Geschichte bestehen zu können. Eine wichtige Erfahrung für den jungen Offizier im türkischen Hauptquartier war das, was man später »den Primat der Politik« genannt hat, die Unterordnung des Offiziers unter den politischen Willen. Bei Nisib forderte der wütende Militärberater seine Entlassung, weil sein Plan abgelehnt wurde; bei Königgrätz unterwarf er sich dem politischen Ziel Bismarcks, der die österreichische Armee nach ihrer Niederlage nicht vernichten lassen wollte. Moltke hat – wie wohl jeder Offizier vor und nach ihm – unter diesem politischen Vorrang gelitten und 1859 angemerkt:

»Am unglücklichsten ist der Feldherr, der an jedem Tag, in jeder Stunde Rechenschaft von seinen Entwürfen, Plänen und Absichten legen soll; einen Delegaten der höchsten Gewalt im Hauptquartier oder doch einen Telegraphendraht im Rücken.

Moltkes Könige

Neun preußische Könige, von denen drei auch Deutsche Kaiser wurden, verzeichnet die Geschichte. Moltke dürfte der einzige Offizier gewesen sein, der fünf von neun Königen gedient hat. Die Herrscher waren:
1797–1840   Friedrich Wilhelm III.
1840–1858   Friedrich Wilhelm IV.
1858–1861   Prinz Wilhelm von Preußen, Regent für den erkrankten Bruder bis zu dessen Tod
1861–1888   Wilhelm I. (seit 1871 Deutscher Kaiser)
1888   Friedrich III. (»99-Tage-Kaiser«)
1888–1918   Wilhelm II.

Rechnet man die Zeit als Kadett, Page, Leutnant in dänischem Dienst hinzu, so hat Moltke (1800–1891) rund 80 Jahre seines Lebens als Soldat Monarchen gedient.

Daran muß jede Selbständigkeit, jeder rasche Entschluß, jedes kühne Wagen scheitern, ohne welche doch der Krieg nicht geführt werden kann.«

Der preußische König Friedrich Wilhelm III. rief im Herbst 1839 – nach vier Jahren – den Hauptmann von Moltke aus der Türkei zurück. Der Sultan verlieh ihm beim Abschied einen wertvollen Ehrensäbel, einen mit Brillanten besetzten Orden und bescheinigte ihm:

»*Der preußische Offizier hat seine Pflicht als treuer und tapferer Mann von Anfang seines Aufenthaltes an bis zu diesem Augenblick getan und sich seiner Aufträge in vollkommenster Weise entledigt. Ich bin Zeuge davon gewesen, das dieser Offizier Beweise von Mut und Kühnheit gegeben und der Ottomanischen Regierung in Treue, indem er sein Leben einsetzte, gedient hat.*«

Sein König verlieh ihm in Berlin den Orden »Pour le mérite«.

Der gebildete Soldat

Die Encyclopaedia Britannica schreibt über Moltke: »Er konnte in sieben Sprachen schweigen.« Die Vielsprachigkeit des Offiziers, die ihre Wurzeln nicht nur im Talent, sondern mindestens sosehr im Fleiß hatte, ist nur Teil einer ungewöhnlich vielseitigen, facettenreichen Persönlichkeit. Moltke war umfassend gebildet, dazu während seines ganzen Lebens ebenso aufgeschlossen für die Künste wie für die Fortschritte in Naturwissenschaften und Technik. Für einen Soldaten war das unüblich, und bis ins 20. Jahrhundert konnte noch ohne Abitur Offizier werden, wer die »Mittlere Reife« aufzuweisen hatte. Wichtiger als Bildung war adlige Herkunft, und Moltke war sich schon als junger Mann der Bedeutung seines Adelstitels voll bewußt. 1835 erhob Prinz Heinrich, Bruder König Friedrich Wilhelms III., den »Kapitän im Generalstab« in den Rang eines Ritters im Königlich Preußischen Johanniterorden, der dem Adel vorbehalten war und dem bis in unsere Tage stets ein preußischer Prinz als Großmeister vorstand. Dazu Moltke:

»Liebe Mutter, Du wirst von Vater die Nachricht erhalten haben, daß ich Sonntag den 18. durch die Verleihung des St. Johanniter-Ordens so freudig überrascht wurde. Diese sehr hübsche Dekoration ist mir als Beweis des Wohlwollens und der Zufriedenheit meiner Vorgesetzten sehr schätzbar. Von allen Orden, die ich möglicherweise bekommen konnte, ist dieser mir bei weitem der liebste und überhaupt in Deutschland einer der angesehensten. Da er nur an Adelige und an bekannte Familien verteilt wird, so ist er sehr vielen ein Gegenstand des Bestrebens oder des Neides ...«

Das »Wohlwollen« seiner Vorgesetzten hatte Moltke nicht zuletzt durch kluge Reiseberichte über Dänemark, Österreich

und Italien erworben, und ein paar Monate nach der Ordensverleihung nahm er ein halbes Jahr Urlaub, um Wien, Athen, Neapel und Konstantinopel kennenzulernen, ein zu damaliger Zeit für einen jungen Offizier höchst ungewöhnliches Vorhaben. »Reisen bildet« wird Goethe oft falsch zitiert, denn richtig heißt es bei ihm: »Reisen bildet den Gescheiten«, wofür Moltke ebenso ein Beispiel ist wie der moderne Massentourismus 150 Jahre später.

Aber nicht nur Sprachkenntnisse und Bildungsreisen hoben Moltke schon früh ab von den jungen Offizieren seiner Zeit, er schrieb Novellen, übersetzte Gedichte aus dem Englischen, wobei er selbstkritisch vermerkt, daß er Lyrik »nur mit dem Kopf« übertragen könne. »Meine Übersetzungen sind Verstandessache.« Einige Jugendgedichte, die er gelegentlich seinem Bruder Ludwig schickte, halten sich im Rahmen damals üblicher Poesie, wie sie junge Leute zu produzieren pflegten. Allerdings war er schon 41 Jahre alt, als er darüber urteilte:

»*Zuletzt wird man so vernünftig, daß man alle Begeisterung als eitel Mondschein über Bord wirft.*«

Übersetzungen der Gedichte von Thomas Moore aus dem Englischen hat Moltke jedoch bis zu seinem 90. Lebensjahr immer wieder versucht. Daß er dabei ganz im Stil seiner Zeit dichtet, kann kaum verwundern:

»*Das kühle Gras soll mein duftender Schrein,*
der Wind in den Bergen mir Orgelton sein,
mein Dom, so weit das Himmelszelt steht,
und all mein Denken ein stilles Gebet.
Des Laubes Rauschen bei Mondenschein
soll meiner Andacht Beichtiger sein,
wenn in tiefem Schweigen das endlose Meer
lobpreist des Herren Macht und Ehr.«

Solch musische Interessen und Aktivitäten Moltkes sind häufig unbeachtet geblieben, wenn es darum ging, den »Helden«, »Sieger«, »Feldherren« zu feiern, und vielleicht wäre es nützlich, die Kriegsgeschichte zu untersuchen, um unter den »heroischen Schlachtenlenkern« den hohen Anteil Musischer und Gebildeter – von Caeser bis Friedrich dem Großen – zu ermitteln.

Ein gewisser Sophokles

Theater bedeutete für den Offizier mehr als nur gesellschaftliche Verpflichtung, und aus Breslau schreibt er »Das Theater, welches wirklich gut ist, besuchen wir eigentlich alle Abend.« Seine oft sehr ausführlichen Schilderungen von Theateraufführungen sind weniger literarische oder künstlerische Auseinandersetzung als Bewertungen nach moralischen und ethischen Normen, die Moltkes Charakter näher waren. Dabei versucht er nie gebildeter oder wissender zu erscheinen als er ist:

»Die letzte Aufführung des Stückes hatte vor zweitausendfünfhundert Jahren statt. Es ist die Antigone von einem gewissen Sophokles. Es wird schwer sein, die Erben zu ermitteln, welche Anspruch an eine Tantieme der Einnahme haben. Wahrscheinlich sind es Ruderknechte im Hafen von Konstantinopel. Das kleine Theater ist ganz besonders geschickt, um ein solches Stück aus dem klassischen Altertum zu geben, da die Sitze der Zuschauer ganz so geordnet sind wie man es heute noch in den alten Theatern in Kleinasien, Griechenland und Italien, zum Beispiel in Pompeji und Herculanum sieht, nämlich kreisförmig und stufenförmig aufsteigend. Unten in der Mitte waren die Sitze für den König und uns Hofschranzen, dahinter die Damen und höher herauf die Herren. Auf der Orchestra, was wir das Proszenium nennen, erhob sich ein

Altar, in welchem der Souffleur steckte, den die Alten nicht kannten. Es ist merkwürdig genug, daß ein Stück, welches vor Jahrtausenden geschrieben wurde, noch jetzt ein Interesse gewähren kann. Sophokles hat in seiner Tragödie die noch heute geltenden Gegensätze der Familie und des Staates einander gegenüber gestellt. Kreon, König von Theben, hat einen Untertan besiegt und erschlagen und verurteilt seinen Leichnam, unbestattet ein Raub der Tiere zu bleiben, was nach damaligen Begriffen auch seiner Seele den Übertritt in die Gefilde der Ruhe verwehrte. Doch Antigone trotzt seinem Gebot. Sie bestattet den Toten und ladet den Zorn des Königs auf sich, welcher sie verurteilt, lebendig in einem Felsengrab zu verschmachten. Doch würdig des Ruhms wandelt sie hin, mit Lob geschmückt in das Gemach der Toten.

Nicht zehrende Krankheit raffte sie fort, noch traf sie ein Schwert der Rache, lebend allein geht sie zum Hades.

Das Hübsche dabei ist, daß Kreon von seinem Standpunkt aus ganz recht hat, denn ohne Gehorsam kann keine menschliche Gesellschaft Bestand haben. Aber indem er mit starrer Konsequenz diesen Gedanken durchführt, greift er über in das Gefühl der Pietät, welches noch höheren Ursprungs als alle menschlichen Satzungen.

Viel köstlicher ist als Glücksgenuß der bedächtige Sinn. Stets hege für das Göttliche Scheu. Der Vermess'ne büßt das vermess'ne Wort mit schwerem Gericht.«

Da Moltke diese Texte des Chores schwerlich von der Aufführung her behalten konnte, dürfte er die Tragödie vorher oder nachher ausführlich gelesen haben – bezeichnend für die Genauigkeit, bis hin zur Pedanterie, mit der er alles, was ihm begegnete, zu ergründen suchte. Man hat ihm nachgesagt, daß er bei einem Konzert in einem festlich geschmückten Saal nebenbei erst einmal die brennenden Kerzen gezählt habe, um die entstandenen Kosten zu berechnen.

Oft war Theater auch »Dienst«, wenn Moltke einen Prinzen zu begleiten hatte. 1843 schildert er nüchtern und anscheinend unbeteiligt im besten Reportagestil den Brand des Berliner Opernhauses.

»Ich habe den ganzen Tag am Schreibtisch zugebracht. Abends in der Kühle wäre ich gern ausgeritten; da ich den Dienst hatte, mußte ich ins Theater. Ein Gast, Herr Döring, spielte sehr gut, aber es war eine fürchterliche Hitze. Nachdem ich Dir geschrieben, legte ich mich schlafen, denn ich war sehr müde. Ich schlief auch so fest, daß M. mit beiden Fäusten an die Tür ballern mußte, um mich eine halbe Stunde später wach zu kriegen. Es sei ein schreckliches Feuer, meinte sie. Bald erfuhr man, das Opernhaus brenne. In dem Augenblick, wo ich durch das Brandenburger Tor trat, erblickte ich die prachtvollste Illumination. Der Apoll, welcher auf dem vortretenden Peristyl des Opernhauses steht, war magisch hell erleuchtet, die Säulen der Treppe deutlich zu erkennen. Dahinter aber wirbelte die rote Glut empor. Schon diesseits der Friedrichstraße regneten dichte Funken, und man verspürte die Hitze. Am Ende der Linden war die Straße durch Ulanen versperrt, und nur Militär und Spritzenleute erhielten Eingang. So waren der ganze schöne Platz vor der Universität, der Opernplatz und die Straße bei der katholischen Kirche frei gehalten, und die prachtvollen umgebenden Gebäude, das Palais des Prinzen von Preußen, Bibliothek, katholische Kirche, Schloß, Dom, Zeughaus, Universität und die Bäume in unbeschreiblicher Pracht erleuchtet. Inmitten loderte wie ein Vulkan das Opernhaus. Ich war bei Anfang des Balletts fortgegangen, irgendein Funke mochte gezündet haben, und eine Stunde später war die Flamme ausgebrochen. Dort, wo alles brennbar, war an Löschen gar nicht zu denken; man ließ ruhig fortbrennen und beschränkte die ganze Tätigkeit auf die Rettung der Umgebung. Namentlich sehr exponiert war die Bibliothek und das Palais des Prinzen von Preußen. Die Prinzeß ist unwohl und der

Prinz saß an ihrem Bett, als das Feuer entdeckt wurde. Die Dächer wurden sogleich mit Militär und Spritzenleuten besetzt, welche es aber kaum vor Hitze aushalten konnten. Die Gebäude wurden fortwährend bespritzt, und die große Dampfspritze schüttete Ströme von Wasser aus. Mit furchtbarem Gekrach stürzte endlich der Dachstuhl des Opernhauses ein, und eine unendliche Flammensäule wirbelte empor. Darauf Notgeschrei von allen Dächern, aber nirgends zündete es, und die Gefahr war vorüber. Durch die großen Fenster des Opernhauses sah man ganz deutlich in das hell erleuchtete Innere des Gebäudes. Der große Saal hinter der königlichen Loge war noch nicht eingestürzt. Vor zwei Stunden war ich dort noch auf und ab gegangen. Jetzt war alles Glut und Flammen. Ich blieb bis ein Uhr.«

Solch detailgetreue Schilderung einer für damalige Vorstellungen gewaltigen Sensationen ohne ein Zeichen auch nur der geringsten inneren Beteiligung – immerhin war Moltke oft Tag für Tag zu Vorstellungen in dieser Oper gewesen – haben zum Bild eines eher gefühlsarmen Pedanten erheblich beigetragen. Dabei scheint Moltke diese strenge Betrachtung sich selbst anerzogen zu haben, wenn er – parallel zu seiner Schweigsamkeit – sich beim Schreiben keine überflüssigen Schnörkel, keine verzierenden Adjektive gestattete. Daß er in seinem Wesen gar nicht so pedantisch gewesen sein kann, beschreibt er selbst:

»Ich sitze nun wieder in meinem grünen Saffianlehnstuhl; die Expedition des Generalkommandos, Eisenbahnangelegenheiten, Zeitungen und Bettelbriefe bedecken den Tisch, und kaum finde ich ein Eckchen zum Schreiben. Ich mag so gern, daß es recht ordentlich im Zimmer ist, und habe doch eine unüberwindliche Abscheu vor Aufräumen. Kaum bin ich vierundzwanzig Stunden, so sieht es hier schrecklich konfus aus.«

Kunstgenuß

Moltke erzählte gern die Anekdoten aus dem Leben preußischer Könige. Eine kleine Geschichte, die er besonders liebte:
»König Friedrich Wilhelm IV. war einmal gezwungen, sich ein Theaterstück anzusehen. Er langweilte sich sehr. Als er das Theater verlassen wollte, bemerkte er, daß der Logendiener eingeschlafen war. Aha, flüsterte der König seinem Adjutanten ins Ohr, er hat gelauscht.«

Und manchmal – nicht sehr oft – gerät der große Schweiger beinahe ins Schwärmen, wobei der begeisterte Theaterfreund sich auch ganz kindlich an offenkundigem Kitsch erfreuen kann.

»Dann ging ich eine Stunde ins Theater, wo eine große schöne Oper, der Feensee, gegeben wurde. Ich dachte, wenn ich Dir die Herrlichkeit doch zeigen könnte. Es kamen ganze Schwärme von Feen in der Luft und Reiter zu Pferd auf der Erde zum Vorschein. Der Schluß spielt ganz in den Wolken, und man folgt der Fee auf ihrem Flug auf die Erde. Zuerst entdeckt man in Nebelduft die Gipfel der Berge, dann grüne Auen, durch welche ein Fluß sich windet. Immer deutlicher werden die Gegenstände, je mehr man sich der Erde naht, endlich entdeckt man die Türme einer großen Stadt, es ist Köln mit seinem stolzen Dom, seinen alten Kirchen, der Brücke und den spitzen Dächern.
Zuletzt senkt sich die Fee in eines dieser Dächer hinab, man erblickt das Innere einer Hütte und den glücklichen Studenten, der durch diese Visite aufs angenehmste überrascht wird.«

Ein solch begeisterungsfähiger Moltke mit einer Kitschecke in der naiven Seele paßte schlecht in die Heldenverehrung späterer Generationen, die »in heißer Vaterlandsliebe« den

Großen ihrer Geschichte menschliche Schwächen nicht zugestehen wollten und so auch das Moltke-Bild stilisierten. Man muß daran erinnern, daß eine »Deutsche Geschichte« wenige Jahre nach Moltkes Tod, verfaßt vom »langjährigen Vorsitzenden des Alldeutschen Verbandes«, große Begeisterung hervorrief und zahlreiche Auflagen erlebte, weil, wie der Rezensent feststellt, darin geschildert wird

»*das Schicksal und Werden unseres Volkes, beharrlich predigend von echtem Deutschtum und der Größe unserer historischen Tradition, allzeit mannhaft sich bekennend zum Glauben an Deutschland und Begeisterung erweckend im deutschen Volk für die treue Arbeit an der deutschen Zukunft*«.

Wie weit entfernt war Moltke vom hohlen Pathos solcher Buch-»Kritik«, und wie böswillig wurden er und andere Offiziere – auch Clausewitz gehörte dazu – nach ihrem Tod als makellose Vorzeigehelden mißbraucht. Da ist es gut, sich gelegentlich zu erinnern, daß der Generalstäbler »ganze Schwärme von Feen in der Luft« als »Herrlichkeit« beschrieb.

In der Jasminlaube

Über Moltkes Beziehungen zu Frauen ist wenig bekannt, und die Liebe zu einer jungen Gräfin Reichenbach, die er während einer Kur in Salzbrunn kennengelernt hatte, konnte in eine Ehe nicht münden, weil die Dame kein Vermögen hatte und Moltke ein armer Mann war. Er glaubte sowieso nicht, daß eine Liebesheirat einer Vernunftehe vorzuziehen sei, weil

»wohl nur sehr wenig Menschen vergönnt ist, dem Ideal, welches sich wohl alle einmal schufen, im Leben wirklich zu begegnen, weniger aber noch, aus diesem Traum, der freilich das höchste Glück sein muß, um so schmerzlicher zu erwachen«.

Illusionen machte er sich nicht, als er nach der Rückkehr aus der Türkei über eine mögliche Ehe nachzudenken begann, zumal ihn schon seine Mutter, die zärtlich an ihm hing, gemahnt hatte: »Der vereinzelte Mann ist im späten Alter ein hilfloses Geschöpf.« Sorgsam abwägend, wie immer, hatte Moltke auch zu Ehe und Familiengründung einen klaren Standpunkt:

»Die Ehelosigkeit ist ein sehr negatives Glück, und die Ruhe seines Lebens um den Preis aller Freuden des Lebens erkaufen, kommt mir vor, wie wenn jemand sich die Augen aussticht, um nie etwas Unangenehmes zu sehen.«

Nüchterner kann man schwerlich an eine Heirat denken. Als er jedoch »die Ruhe seines Lebens« aufs Spiel setzte und »das Wagnis« der Ehe einging, fiel seine Wahl so ungewöhnlich aus, daß die Klatschbasen der Gesellschaft aus dem Tuscheln nicht mehr herausfanden. Höchst romantisch in der Jasminlaube im Garten seines Schwagers Burt, eines

wohlhabenden Engländers in Itzehoe, verlobte er sich mit seiner bildhübschen Stiefnichte Marie Burt, die gerade 15 Jahre alt war und bis dahin »Onkel Helmuth« zu dem 25 Jahre älteren Bräutigam gesagt hatte. »Kaffeeböhnchen«, wie man das Mädchen wegen seiner schönen braunen Augen nannte, war vermögend, heiter, unkompliziert, zupackend und praktisch wie viele Engländerinnen, eine patente Partnerin für den gerade zum Major beförderten Moltke. Nur 26 Jahre dauerte die kinderlose Ehe; Marie erlebte noch den ersten großen Sieg ihres Mannes bei Königgrätz, ehe sie am Weihnachtsabend 1868 starb. Sie war beim Reiten eingeregnet und hatte trotzdem bei Dezemberkälte auf einem Wohltätigkeitsbasar ihren Verkaufsstand betreut. Aus solchem Holz mußte wohl eine junge Frau geschnitzt sein, die zu Moltke paßte.

Zündnadelgewehr

Auf die Einführung des Zündnadelgewehres, das wesentlichen Anteil am Sieg über die österreichische Armee hatte, war Moltke besonders stolz. Während eines festlichen Abends in Berlin soll seine Frau im Kreise von Offizieren gesagt haben: »Ich werde Sie davon überzeugen, meine Herren, daß ich mir das neue Zündnadelgewehr sehr genau angesehen habe. Ich kann das Schloß des Gewehres in alle seine Bestandteile zerlegen … nein, mein lieber Herr von Prittwitz, Sie machen jetzt ein sehr schadenfrohes Gesicht, aber sie irren: Ich kann das Schloß auch wieder ganz richtig zusammensetzen.«

Die beiden schrieben einander zunächst auf englisch, später vor allem deutsch mit englischen Sätzen gemischt, und Anreden wie »My own, dear sweet little Baby!« lassen etwas von Moltkes Verliebtheit ahnen, die mehr und mehr zu einer großen, tiefen Liebe wurde. Anfangs hatte er wohl noch gemeint, er müsse als gereifter Mann das junge Ding erzie-

hen und zurechtbiegen, und es scheint, daß sie ihn klug in diesem Glauben gelassen hat.

»Jedes Deiner Schreiben macht Dich mir lieber, und wenn ich Dich lese, kommst du mir vier Jahre älter vor, als wenn ich Dich sehe. Es wird mir ein Genuß sein, künftig Deine Lektüre zu leiten, und gerne wollen wir immer mit der Bibel anfangen, auch wollen wir hier gute Predigten besuchen, und ich verspreche dann auch, nicht beim Klingelbeutel davonzugehen. Aber das muß ich Dir sagen, Du mußt keine allzu gute Meinung von mir haben, damit Du nicht getäuscht werdest, sondern mußt recht viel Geduld und Nachsicht mitbringen. Dann wird's aber auch, so Gott will gehen. In Betreff des Seebades finde ich vierzehn Taler wöchentlich für Wohnung enorm teuer. Ich würde raten, einmal nach Helgoland deshalb zu schreiben. Es soll dort viel wohlfeiler sein, und die Fahrt ist von Hamburg aus per Dampfschiff an einem Tag zu erreichen.«

Seinen Verlobungsring hat Moltke nicht nur bis zu seinem Tod immer getragen, sondern auch dafür gesorgt, daß er mit ihm begraben wurde.

»Deinen Ring habe ich noch nie abgelegt, obschon ich ein paarmal die Buchstaben M. B. darin betrachtet habe. Zuweilen rieche ich auch an Deiner Eau de Cologne, um mich an Dich zu erinnern. Ich mag den Farina schon leiden bloß weil er Jean und Marie heißt. Abends pflanze ich mich in einen grünen Lehnstuhl und denke, wenn doch Marie hier wäre, um mir Tee zu machen und mit mir zu plaudern. Wenn der Briefträger einen Brief von Deiner Hand bringt, lege ich ihn erst hin und beende alle Geschäfte, um ihn dann mit ungestörter Muße ein paarmal zu lesen.«

Auch das ungestörte Brieflesen wird genau geplant. Über seine »Schulmeisterei« macht er sich selbst lustig, und seine

Liebesbriefe, auch wenn sie mit »Gute Nacht, liebe, süße Marie« enden, sind nicht gerade emphatische Gefühlsausbrüche:

»*Du fragst mich, was mir an Dir und Deiner Art, zu sein, nicht paßt, damit Du es ändern könntest. Nun will ich Dir die Wahrheit sagen, daß, wie ich auch hin und her denke, mir alles an Dir gefällt, aber so manches in mir nicht. Du darfst Dich nur in Deiner Art fortentwickeln, wie Du jetzt bist, so mußt Du eine höchst liebenswürdige, treffliche Frau werden; ich kann so manches nicht mehr ändern, und wenn es wirklich wahr ist, daß Du ganz froh und zufrieden mit mir gewesen bist, so danke ich Gott aufrichtig dafür. Die aus Verschiedenheit unseres Alters hervorgehende Art, zu empfinden macht, daß ich, ohne unwahr zu werden, Dir nicht dasselbe lebhafte Gefühl bieten kann, wie sich's in Deinen schönen Augen ausspricht und wie Du es wohl als Erwiderung fordern darfst. Gewöhnlich fehlte es uns, wenn wir zusammen waren, an etwas zu sprechen. Das liegt nur darin, daß Du natürlich bis jetzt wenig gesehen, wenig erlebt, wenig gelesen hast, daß wir uns eigentlich nur eins sagen konnten und das wußten wir schon und empfanden es, ohne es zu sagen. Wenn aber die Jugend ein Fehler ist, so besserst Du Dich alle Tage, und wenn wir erst einige Zeit Freud und Leid miteinander getragen haben werden, so werden auch die äußeren Gegenstände der Unterhaltung nicht fehlen.*«

Dieser etwas gequälte, oberlehrerhafte Ton ändert sich – im selben Brief – sofort, wenn Moltke von seinem Alltag berichten kann, und seine Art, die Dinge zu sehen und sich zu interessieren, mag für die jugendliche Leserin nicht immer ganz leicht nachzuempfinden gewesen sein:

»*Ich fuhr nach Magdeburg und von dort auf der Eisenbahn nach Leipzig. Um vier Uhr nachmittags ging der Zug ab und*

durchflog die Ebene von Magdeburg, die prachtvollen Brücken auf dreißig steinernen Pfeilern über die Saale und erreichte abends ein Viertel auf acht Uhr Leipzig. Da diese Entfernung fünfzehn Meilen austrägt, so legten wir, allen Aufenthalt auf den Stationen eingerechnet, die Meile durchschnittlich in zwölf Minuten zurück. Wenn man uns unterwegs nicht anhielte, so würde man in zweieinhalb Stunden nach Leipzig fahren, und die Meile in acht Minuten machen. Da das Wetter schön war und mir daran lag, die Bahn kennen zu lernen, so fuhr ich auf einem offenen Wagen, und da fallen viele Funken aus dem Rauchfang der Lokomotive nieder, weshalb man auch Brillen aus Fensterglas trägt. Nachdem ich in Leipzig geschlafen, fuhr ich nach Dresden. Die ganze Strecke von Magdeburg beträgt einunddreißig Meilen und wird in acht eine Viertelstunde zurückgelegt. Sehr schön sind die langen hohen Brücken. Die über die Elbe bei Riesa hat vierundsechzig Pfeiler. Bei Oberau kommt man durch einen Tunnel, der neunhundert Ellen lang durch einen Felsen gesprengt ist.«

Ob Marie die Zahl der Brückenpfeiler auswendig gelernt hat, um ihrem Helmuth so richtig nahe zu sein? Moltkes Frauen-bild entsprach ganz den männlichen Vorstellungen und Ansprüchen seiner Zeit, und daß die Frau dankbar die Interessen des Mannes zu teilen hatte, stand außer Frage. Wie Moltke sich das Leben einer Frau vorstellte, liest sich heute erheiternd:

»Wie geht es mit der edlen Kochkunst, liebe Marie? Studiere mir nur die Natur der Kartoffel und der Puddinge mit ihren verschiedensten Vorkommnissen. Eine gute, kräftige, einfache Hausküche statt der Speisehauskost wird mir sehr wohl tun. Beschreib mir doch ein bißchen Deine Lebensweise, um welche Uhr Du aufstehst, ob Du badest, wann Ihr zu Mittag eßt und wann Ihr Tee trinkt. Studiere doch etwas Blumenkultur; es ist so hübsch, besonders des

Winters, ein bißchen Grünes, Blühendes vor den Fenstern zu haben; außer ein Paar miserabler Geranien will unter meiner Hand nichts gedeihen.«

Gutes Essen, guter Wein spielen in Moltkes Briefen an Marie häufig eine sympathische Rolle und mildern das Klischee vom asketischen Offizier, der ausschließlich der Pflichterfüllung zu dienen hatte. Aus Schlesien schreibt er:

»Löwenberg ist ein hübsches Gebirgsstädtchen, der Gasthof sehr gut. Das köstliche, eiskalte Gebirgswasser benützte ich, um den Moselwein zu kühlen, der mir mit Spargel und vortrefflichem Schinken sehr gut schmeckte. Der Porter ist mir sehr willkommen und soll mir morgen zum Frühstück dienen.«

Marie von Moltke war 33 Jahre alt, als ihr Mann Generalstabschef in Berlin wurde. Es ist bezeichnend für die zupackende Engländerin, daß sie sich neben allen Hausfrauenpflichten vor allem um Stall und Sattelkammer kümmerte. Pferde, ihre Vorzüge oder Fehler, ihre Preise, Zäumung, Satteldecken kommen in Moltkes Briefen immer wieder vor. Aus England berichtete er:

»Abends ritten wir nach dem neuen Park. London, welches schon jetzt die Bevölkerung eines deutschen Königreiches umfaßt, dehnt sich immer weiter aus, und es ist kein Ende abzusehen. Es ist daher sehr dankenswert, daß man schon jetzt weite Räume aufbewahrt, auf welchen keine Häuser gebaut werden dürfen, und in denen künftige Generationen Luft schöpfen können, wenn diese Räume mitten im städtischen Gedränge liegen werden. Ich bekomme alle Tage ein anderes Pferd zu reiten, wie mir scheint, immer die, mit welchen die anderen nicht gut fertig werden. Heute hatte ich Lady Gough, ein wunderschönes Tier, welches aber nur rechts

Galopp geht und dabei so vehement ist, daß man immer besorgen muß, die vor reitenden Prinzlichkeiten umzurennen. Ich sehne mich ordentlich danach, einmal wieder ein gerittenes Pferd zu reiten, was den Willen seines Reiters tut. Ein Engländer überläßt sich ganz seinem Pferde, und da die Tiere vortrefflich, so können sie das, ohne alle Augenblicke den Hals zu brechen. Ich bin nur neugierig, was sie mir morgen zu der großen militärischen Schaustellung für eine Bestie geben werden.«

Soldatenfrau

An der Seite Helmuth von Moltkes entwickelte sich die Engländerin Marie Burt schnell zur überzeugten preußischen Patriotin. Militärische und politische Fragen interessierten sie mehr als die – damals unvermeidlichen – Damenkränzchen bei Tee und Plätzchen. Die Frau des Generalstabschefs überraschte bei einem Fest die höchsten Militärs mit der ausführlichen Beschreibung eines neuen Hufbeschlags, den sie mit Erfolg bei ihren eigenen Pferden ausprobiert hatte. Man sollte diesen Beschlag auch für die Armeepferde einführen, forderte sie.

Als Moltke die Leiche des Prinzen Heinrich von Rom auf dem Seeweg nach Cuxhaven begleiten soll, will sie die – damals nicht ungefährliche, gewiß aber stürmische – Reise mitmachen. Moltke lehnt das ab, aber Marie argumentiert: »Sind Beschwerde oder Gefahr bei der Reise, so ist das ein Grund mehr für mich, sie mit dir zu teilen. Ist die Reise aber sicher und bequem, warum sollte ich sie dann nicht machen?« Moltke war beinahe überzeugt, aber der Kapitän der »Amazone«, Jan Schröder, weigerte sich, eine Frau an Bord zu nehmen. Zimperlich – wie so manche andere Damen dieser Zeit – war sie nicht, die Frau von Moltke.

Aber auch das Mitleid mit Tieren ist bei beiden ausgeprägt:

»Madrid ist sehr schön, besonders das Schloß. Heute haben wir die ganze Stadt durchstreift, und ich komme eben aus einem Stiergefecht, wo wir die Königin und ihren Gemahl, die Infantin und die Herzoge von Montpensier und Aumale sahen. Wie Frauen diese Schlächterei ansehen mögen, weiß ich nicht. 20 Pferde blieben tot auf dem Platz und neun Stiere. Menschen wurden diesmal nicht getötet, obschon sie oft unter dem Pferde und dem rasenden Stier lagen.«

Und manchmal hat der große Moltke auch ganz einfach ein schlechtes Gewissen:

»Liebe Marie! Nimm es mir nicht übel, aber ich nehme eben eine Prise Tabak, weil ich immer noch Zahnschmerzen habe. Du mußt es mir wirklich noch einmal streng verbieten!«

Kein Zweifel: Das »Kaffeeböhnchen« hatte seinen »Schulmeister« schon längst um den hübschen kleinen Finger gewickelt.

Die Trauerfeier für Marie Burt im schlesischen Kreisau stand auf Moltkes Wunsch unter dem Spruch: »Die Liebe ist des Gesetzes Erfüllung!«

Der Neugierige

Moltkes glänzende Karriere in Friedenszeiten und sein Feldherrenruhm in drei Kriegen gründen – neben vielen anderen günstigen Eigenschaften – auf seiner unersättlichen Neugier. Gierig auf alles Neue, wo immer es sich darbot, eignete er sich Kenntnisse an, die weit hinausreichten über das Wissen, das damals bei Offizieren üblich war. Bei Theodor Fontane, der als Berichterstatter auch den »Krieg gegen Frankreich« schilderte, kann man – staunend und ungläubig – nachlesen, wie ein französischer Offizier die Situation seiner Armee vor Kriegsbeginn schildert:

»Die Unwissenheit der großen Mehrzahl unserer Offiziere müssen wir in erster Reihe für die Niederlage verantwortlich machen. Fast überall brachten unsere Offiziere sieben Achtel des Tages im Café zu; vor dem Frühstück Absinth, nach jedem Mahle Kaffee und was dazu gehört, zwischen dem Frühstück und Diner Spazierengehen, Billard und Langeweile, des Abends das Theater. Geographie und Literatur wurden verachtet und gehaßt. Der Kaiser selbst war auf diesem Gebiet keineswegs taktfest. Einige Zeit nach dem Beginn des Krieges in Mexiko ließ sich Napoleon III. auf der Karte zeigen, wo Vera Cruz und Puebla liege. Unter den Generalen gab es nur zu viele , welche die Wissenschaft förmlich verachteten. Als General Frossard die Archive besuchte, sprach er die denkwürdigen Worte: ›Warum verbrennt man nicht die Hälfte dieser alten Papiere?‹ Die Worte erinnern mich an die Äußerung eines anderen Generals, welcher Inspekteur der Militärschulen war: ›Es ist sehr hübsch von Euch, daß ihr arbeitet, meine Kinder, ich für mein Teil bin ohne das so weit gekommen‹. Auf die Offiziere, welche arbeiteten, zeigt man mit Fingern und behandelt sie als Sonderlinge. Am 4. August starb General Douay den Heldentod; erst am Tage vorher hatte er sich dazu verstanden, eine Karte anzusehen. Kurze Zeit vor Sedan spazierte einer unserer Generale mit einem meiner Freun-

de am Ufer eines großen Flusses und fragte: ›Wie heißt dieses Wasser?‹ es war die Maas; er wußte nichts davon.‹

Vor solchem Hintergrund wird die Bedeutung von Moltkes Neugier, von seiner Hochschätzung aller Wissenschaft und Technik und von seiner Besessenheit, ein Leben lang immer dazuzulernen, deutlich. Die Erfindung der Dampfmaschine hatte Eisenbahn und Dampfschiff hervorgebracht und die technische Phantasie von aufgeschlossenen Offizieren beflügelt. Moltke blieb während seines langen Soldatenlebens der aufkommenden Marine gegenüber skeptisch (zumal in der Türkei Schiffe beim Abfeuern einer Breitseite gelegentlich umkippten, weil der Rückstoß der Geschütze zu stark war), aber schon damals machte er sich Gedanken:

»*Einige kühne und glückliche Unternehmungen der Engländer zur See haben ziemlich allgemein die Ansicht verbreitet, daß Landbatterien sich gegen Flotten, die ihnen an Zahl der Geschütze freilich weit überlegen sind, nicht verteidigen können. Die von einem Schiffe gegen eine Landbatterie geschossene Kugel tötet im günstigsten Fall einige Menschen und demontiert ein Geschütz, während die von einer Landbatterie abgeschossene möglicherweise ein Schiff außer Gefecht setzen kann. Mannschaft, Geschütz und Munition sind in der Landbatterie ungleich sicherer aufgehoben als hinter den Wänden eines Schiffes. Besonders wichtig aber ist der Umstand, daß bei den Schwankungen des Fahrzeuges ein genaues Richten ganz unmöglich ist. Die Landbatterie bietet dem Treffen ein Ziel von etwa viertel halb Fuß Höhe, eine geringe Schwankung vergrößert oder verringert die Elevation der Geschütze daher schon in dem Maße, daß eine ganze Lage zu hoch oder zu niedrig geht. Die Feuerschlünde der Landbatterie hingegen stehen fest, der Artillerist nimmt seine Richtung genau, sein Ziel ist eine 20 bis 30 Fuß hohe 100 Fuß lange überall verwundbare Wand. Die Kugeln, welche zu niedrig gehen, kön-*

nen noch durch Abprallen einschlagen; die, welche zu hoch Masten Rahen und Segel zerstören. Die größere Zahl der Geschütze ist auf der Seite der Flotte, die günstigeren Verhältnisse sind auf Seiten der Landbatterie.«

Schon wenige Jahre später beobachtet Moltke höchst interessiert die rasante Entwicklung der Marine in England:

»Nicht weit von Greenwich liegt am Ufer der Themse und parallel mit ihrem Lauf das größte Schiff der Welt, der mit Masten, Rädern und Schrauben ausgerüstete Great Eastern. Er ist fast doppelt so lang wie das größte Linienschiff und ragt vom Stapel hoch über die umgebenden Gebäude empor. Dies eiserne Schiff soll zweitausend Passagiere und den Kohlevorrat für die ganze Reise nach Australien fassen. Für eine kürzere Tour kann er zehntausend Mann Militär aufnehmen. Eine merkwürdige Operation wird es wohl noch sein, ihn in das Wasser zu bringen, was nur durch die unwiderstehliche Kraft der hydraulischen Presse bewirkt werden kann.

Ein nicht minder interessantes Schiff ist der Agamemnon, früher Flaggschiff, jetzt bestimmt, den Telegraphendraht aufzunehmen, welcher die beiden Hemisphären unserer Erde, die alte und die neue Welt, verbinden wird. Der Metalldraht ist nicht viel stärker als ein dicker Bindfaden, eingewickelt in eine Guttaperchahülle mit Werg umsponnen und dieses wieder mit Eisendraht dicht umwickelt, und endlich, um die Oxydation des Eisendrahtes zu verhindern, das Ganze überteert. So bildet dieses ein Tau von etwa drei viertel Zoll Stärke. Der Agamemnon, welcher seine Kanonen zu Hause läßt, ist seit Wochen beschäftigt, diesen Strick zu verspeisen. Er hat ein hübsches Endchen bereits aufgenommen, welches seinen unteren Raum ausfüllt und mit großer Sorgfalt so gelegt wird, daß es später ohne Störung sich selbst abwickeln kann. Sobald der Agamemnon ganz gesättigt sein wird, geht es nach Irland und von dort in möglichst gerader Richtung nach Neufund-

land. Der Strick senkt sich dann von selbst auf den Meeresgrund hinab. Bei plötzlichen Abgründen in der Tiefe schießt er mit furchtbarer Schnelligkeit nieder. Da man durch Strömung und Sturm von der geraden Richtung abgedrängt werden kann, auch auf sehr bedeutende Meerestiefen rechnen muß, so führt man ein paar hundert Meilen mehr mit als die eigentliche Entfernung beträgt. Während der ganzen Operation wird man in London jede Sekunde wissen können, was auf dem Agamemnon vorgeht. Auf die Frage, was aber geschieht, wenn trotz aller Vorsicht das Tau doch reißt, antwortet man: dann legen wir ein neues und benützen die gemachten Erfahrungen. Das Auffischen des alten würde mehr kosten, und das Unternehmen wird auch die Zinsen von mehr als einem Tau abwerfen, wenngleich so ein Strick wohl ein paar Millionen kosten mag.«

Moltkes überragende militärische Erfolge waren mit dem Landheer errungen worden. Noch mit 81 Jahren, als Europas Großmächte längst ihre Flotten ausgebaut hatten, schien Moltke ein Seekrieg für Deutschland unwahrscheinlich. In der ausgezeichneten Moltke-Biographie von Kessel wird die letzte Generalstabsreise des greisen Feldmarschalls nach Kiel und seine Einstellung zur Marine anschaulich geschildert:

»Am Abend war der Generalstab bei der Marine zum Festmahl zu Gast, und Moltke hielt einen Toast auf ›die Kameraden von der Marine,‹ die in die weite Welt hinauskämen und denen die Landarmee nur ein sicheres und behagliches Nest bereiten könne. Als er sagte: ›Manchmal zwar betreten auch wir benachbarte Länder...‹ brach lauter Jubel aus: die Landarmee hatte nun einmal den Kriegsruhm vor der Marine voraus. Moltke billigte von vornherein den Schiffen das weitreichende offensive Element zu. Die Seeherrschaft der deutschen Küstengewässer, die Verhinderung einer Blokade

und einer Landung, die von See aus genährt werden konnte, das war Aufgabe der Flotte. Mit den gelandeten Truppen wollte man dann schon fertig werden. Das war landstrategisch gedacht. Man kann Moltke, der von seiner dänischen Herkunft her die besonderen Bedingungen der Seemachtstellung kannte, nicht vorwerfen, daß er sie zu Gunsten der Landkriegführung verkannt hätte. Aber er hat auch niemals England als möglichen Gegner Deutschlands angesehen. Deshalb war er für äußerste Sparsamkeit in den Festungsanlagen der Marine. Wohl aber vertrat er die Forderung nach Dockanlagen für die Kriegsflotte. Die lange geplante Kanalverbindung zwischen Nord- und Ostsee war ihm an sich erwünscht; aber als er von den Kosten gehört hatte, war sein erster Gedanke gewesen: für das Geld können wir zwei Flotten bauen.«

Die »Moltke«

Das spätere Schulschiff »Moltke« diente von 1878 bis 1891 in der aktiven Flotte und war hauptsächlich im Ausland eingesetzt. Ab 1891 erhielten Seekadetten und Schiffsjungen eine hervorragende international beachtete Ausbildung, gleichzeitig hatten die Schulschiffe auch Aufgaben der Repräsentation des Deutschen Reiches im Ausland zu erfüllen. Am 11. Dezember 1900, als das Schiff in Beirut lag, war am Grab des Sultans Saladin in Damaskus ein Kranz des Kaisers niederzulegen. Später in Konstantinopel wurde am 27. Januar 1901 ein Brunnen eingeweiht, den Wilhelm II. dem türkischen Sultan geschenkt hatte, eine Delegation der »Moltke« mußte dabei das Reich vertreten. 1909 endete der Schulschiffeinsatz des Panzerkreuzers »Moltke«; ab 1911 diente er unter dem Namen »Acheron« als U-Boot-Beischiff in Kiel. 1920 wurde er verkauft und abgewrackt.

(Nach Koehlers Flottenkalender)

Im April 1891, drei Wochen vor dem Tod des 91jährigen, begleitete Moltke Kaiser Wilhelm II. nach Lübeck und Kiel, wo ihm zu Ehren ein Schulschiff mit dem Namen »Moltke« in Dienst gestellt wurde. Am Abend dieses Tages war er Zeuge, wie ein junger Kapitän die Gelegenheit nutzte, seinem Kaiser Pläne für die Aufrüstung einer künftigen deutschen Kriegsflotte zu entwickeln, die Wilhelm II. faszinierten und schließlich zu Konkurrenz und Gegnerschaft mit der führenden Seemacht England wurden. Der Kapitän, der den Kaiser zu begeistern verstand, war der spätere Admiral und Flottenchef von Tirpitz.

Nicht nur die Entwicklung der Marine vom Segelschiff zum Panzerkreuzer verfolgte Moltke mit kritischem Interesse. Alle neuen technischen Möglichkeiten prüfte er ständig auf ihre Brauchbarkeit hin für militärische Operationen. Dabei hoffte er – 20 Jahre vor Erfindung des Automobils – auf eine Art »Straßenlokomotive«: eine gar nicht so abwegige Idee, denn die großen technischen Neuerungen dieser Jahre basierten auf Dampfkraft und Dampfmaschine. Daß Gottlieb Daimler 1885 – Moltke war 85 Jahre alt! – mit der Entwicklung seines Motors ganz andere, das militärische Denken und Handeln revolutionierende Möglichkeiten schuf, konnte auch der Feldmarschall nicht vorhersehen.

Es mag bei der Einschätzung Moltkes und seiner ausgeprägten Neugier für technische Entwicklungen nützlich sein, daran zu erinnern, daß Preußen – und die anderen deutschen Staaten – keineswegs an der Spitze des Fortschrittes zu finden waren, sondern eher die Nachhut bildeten. Moltkes Staunen über das größte Schiff der Welt in London und das Transatlantik-Kabel spiegeln den erheblichen Vorsprung Großbritanniens, das schon 40 Jahre vor Moltkes Geburt – seit 1763 – die führende Kolonialmacht der Welt war, Kanada, Indien und Australien beherrschte und bereits 1786 bei Edinburgh das erste Dampfschiff erprobt hatte. Parallel dazu nahm die historisch entscheidende industrielle Revolution schon 1760

ihren Anfang in Großbritannien (Friedrich der Große führte gerade den Siebenjährigen Krieg gegen Österreich), und 1818 – Moltke war erst 18 Jahre alt – fuhr bereits das erste Dampfschiff von New York nach Liverpool, während die Hamburg-Amerika-Linie (HAPAG) erst 1847, der Norddeutsche Lloyd in Bremen 1857 gegründet wurden. Solche notwendige Rückschau verdeutlicht den gravierenden deutschen Rückstand gegenüber der Weltmacht Großbritannien, ganz zu schweigen von der Weltmacht Niederlande, die noch hundert Jahre früher mit der damals größten Handelsflotte der Welt Kolonien in Ostasien, Nord- und Südamerika und Südafrika errichtete. Als 1806 – der künftige Feldmarschall war knapp sechs Jahre alt – der britische Premier William Pitt der Jüngere starb, hinterließ er eine wesentlich vergrößerte Flotte, ein modernes stehendes Heer zur Gewinnung neuer Kolonien und eine wachsende Bevölkerung, die sich rapide von 7,5 Millionen (1760) auf 14 Millionen (1821) vermehrte. Vor solchem Hintergrund wird Moltkes Bemühen um technischen Fortschritt und gesteigerte Bildung und Ausbildung des Offizierkorps erst recht verständlich.

Eisenbahn und Luftballon

Aber auch bei der Einschätzung des Neuen blieb der stets distanzierte Moltke sich treu. Über Erfindungen schreibt er:

»Auch im Militär verfolgen wir die Fortschritte der Wissenschaft und die Erfindungen, die anderwärts gemacht werden; aber die Erfindung ist noch lange nicht das, was aus ihr geschafft werden soll; es kommt darauf an, sie fertig hinzustellen. Denn der Wert einer Erfindung beruht nicht allein auf einer wenn auch richtigen Theorie, sondern wesentlich in der Verwirklichung derselben durch die vollständige technische Ausführung. Unser vortreffliches Zündnadelgewehr (1866) ist vor langen

Jahren erfunden, wir haben aber mehr als 20 Jahre gebraucht, um daraus eine wirklich kriegsbrauchbare Waffe herzustellen. Es würde also lange nicht genügen, zu beobachten, was anderwärts geschieht, sondern wir müssen selbst vorgehen. Gelänge es beispielsweise Straßenlokomotiven herzustellen, die, wenn auch nur mit mäßiger Schnelligkeit, bedeutende Lasten wohlfeiler bewegen, als dies durch Pferde bewirkt werden kann, so wird dieses Mittel gewiß sehr bald zu allgemeiner Anwendung gelangen. Wie es aber für Kriegszwecke zu verwenden ist, muß der Militärbehörde überlassen bleiben.

Es beruht auf einem Irrtum, wenn angenommen wird, man könne mit den durch Straßenlokomotiven beförderten Zügen gegen den Feind operieren. Für die erste Versammlung bieten die Eisenbahnen das unendlich wirksame Hilfsmittel. Vor der Front fällt die Benutzung der Eisenbahn und nicht minder die Chausseen zum Befahren mit Straßenlokomotiven gleichmäßig aus. Hinter der Front aber, und zwar auch der vorrückenden Front, könnte das neue Hilfsmittel von großer Bedeutung werden, namentlich für die Ernährung des Heeres, da, wo Eisenbahnen fehlen oder unterbrochen sind.

Wenn eine Lokomotive 40 Pferde ersetzt, so ist der Vorteil evident; sie befördert sicher, konsumiert einen geringen Teil ihrer Fracht und legt größere Strecken zurück. Die Militärbehörde wird also schon ihren Nutzen aus den Straßenlokomotiven ziehen – wenn sie erst da sind.

Auch der Luftballon ist nicht so ohne weiteres für militärische Zwecke verwendbar. Seine Anwendung als Mittel zur Rekognoszierung unterliegt mannigfachigen Beschränkungen. Selbstverständlich kann eine solche Rekognoszierung nur bei Tage, und zwar nur bei klarer Witterung stattfinden. Im bewaldeten Terrain oder in einer nach Art der Lombardei kultivierten Gegend wird man selbst dann noch keine volle Übersicht gewinnen. Dagegen wird man unter den aufgeführten Beschränkungen, in dem nicht offenen, ebenen oder hügligen Terrain einen sehr ausgedehnten Einblick in alle Aufstellun-

gen und Bewegungen des Feindes erlangen, was am Tage vor und während einer Schlacht eine wesentliche Hilfe böte. Mit der Höhe des Standpunktes wächst natürlich die Ausdehnung des übersehenen Raumes. Bei 3000 Fuß sieht man 15, bei 1000 Fuß noch neun Meilen oder drei Märsche weit; dabei verschwinden aber alle Bodenunebenheiten und stellen sich dem Auge als Fläche dar. Es kann die Beurteilung der feindlichen Stellung nur unter Zuhilfenahme des Fernglases und im Vergleich mit der Karte erlangt werden. Eine Erhebung von etwa 500 Fuß wird in den meisten Fällen ausreichend und vorteilhafter sein.

Der Beobachter darf nicht der Luftschiffer, sondern er muß ein Offizier sein. Da dieser sich nicht zugleich mit dem Mechanismus beschäftigen kann, so erscheint es notwendig, daß der Ballon mindestens für zwei Personen eingerichtet werde. Die Beobachtung muß mehrere Stunden dauern können, und es ist daher unbedingt erforderlich, daß der Ballon fixiert werde, etwa wie der Drachen an der Leine. Ob das technisch ausführbar ist, müßte praktisch ausprobiert werden, da bei einigermaßen starker und ungleicher Luftströmung wohl der Ballon in eine so schiefe Lage gebracht werden kann, daß die Beobachtung aufhören müßte. Wäre die Fixierung des Ballons unausführbar, so fiele dabei der ganze Nutzen weg. Denn abgesehen davon, daß das Niedersteigen des Ballons dann außer aller Berechnung liegt, kommt es ebenso darauf an, daß der Beobachter oben sieht, wie daß seine Wahrnehmung unten mitgeteilt werde. Das könnte durch beschwerte Zettel an einem Ringe mittels der Leine bewirkt werden.«

Solch heute eher kurios anmutenden Überlegungen Moltkes erklären sich aus dem Wettlauf der Generalstäbe um die überlegenen Waffen, die zum Erstaunen der technisch weniger gebildeten Offiziere in bisher kaum für möglich gehaltenem Tempo veralteten und durch neue, bessere ersetzt werden mußten. Wenn Moltke das »vortreffliche Zündnadel-

gewehr« 1868, zwei Jahre nach dem Sieg von Königgrätz, lobt und seine »20 Jahre« dauernde Entwicklung zur »kriegsbrauchbaren Waffe« für ganz normal hält, übersieht er, daß Frankreich schon ein Jahr zuvor – 1867 – das neue, bessere Chassepotgewehr eingeführt hatte, das 1870 im Deutsch-Französischen Krieg dem Zündnadelgewehr überlegen war. Insbesondere die Artillerie, die gegenüber der Infanterie und der als Elite geltenden Kavallerie eine untergeordnete Rolle gespielt hatte, erlebte ständig neue technische Entwicklungen. Bei Manövern hatte sie bisher nur auf zuvor genau vermessene feststehende Ziele geschossen, was die Trefferquote verständlicherweise erhöhte; eine selbst bewegliche Artillerie, die erfolgreich gegen bewegliche Ziele eingesetzt werden konnte, erforderte nicht nur neue Waffen und besser ausgebildete Offiziere und Mannschaften, sondern vor allem auch Geld – immer mehr Geld. Ein erheblicher Teil der Friedensarbeit Moltkes war die Beschaffung von Mitteln für die Armee, und noch mit 87 Jahren mußte er dem Reichstag, als es um 300 Millionen Mark für Heeresausgaben ging, erklären:

»Die Grundlage jeder tüchtigen militärischen Organisation beruht auf Dauer und Stabilität; neue Kadres werden erst wirksam im Verlauf einer Reihe von Jahren. Die Armee darf niemals ein Provisorium sein.«

Und Bismarck erklärte es für unmöglich, »den Stand des Heeres von den wechselnden Majoritäten und den Beschlüssen des Parlaments abhängig zu machen«. Sprach's und löste den Reichstag auf...

Die neue Zeit

»Glücklich, wer hier nicht zu entscheiden,
sondern nur zu gehorchen hat.«
Moltke 1848

Für Moltke stand der Feind, den es zu bekämpfen, besiegen galt, jenseits der Staatsgrenzen; im Inneren hatte unter patriarchalischer Ordnung Ruhe zu herrschen – dafür hatte man auch als Soldat zu sorgen. Zur Demokratie sagte er, sie sei »der gefährlichste aller Feinde« und gab damit nur die Meinung der herrschenden Aristokratie wieder. Und auch dem immer drängenderen Ruf nach Einheit der Nation und den gesellschaftlichen Verwerfungen, die deutlich sichtbar wurden, stand er mit äußerster Skepsis gegenüber:

»Es kann nur etwas aus der Sache werden, wenn Ordnung und Gesetz fortbestehen und wenn sich irgendeine zentrale Gewalt erhält. Wir sind aber auf dem besten Wege, dies alles über Bord zu werfen. Es handelt sich nicht mehr um Monarchie oder Republik, sondern um Gesetz oder Anarchie. Nicht von außen kommen unsere Feinde, wir haben sie im Inneren – die Proletarier sind der Zauberbesen, den der Liberalismus heraufbeschworen, und den er nicht mehr bannen kann.«

Für Moltke waren König, Staat, Nation – und wohl auch in dieser Reihenfolge – die drei Säulen, um die sich Ordnung und Gesetz und damit die Innenpolitik zu gruppieren hatten. Die unverzichtbaren Instrumente der Verantwortlichen hießen Pflicht, Treue, Ehre, Dienen. Diese zu Beginn des Jahrhunderts vor allem dem Adel geheiligten Ideale wurden mit Beginn des Industriezeitalters von den bürgerlichen Unternehmern – Borsig, Siemens, Krupp und viele andere – selbstverständlich und anstandslos übernommen, deren berufsbedingtes Gewinnstreben seine klaren Grenzen fand,

wo Schaden für König, Staat und Nation drohte. In der politischen Überzeugung eines Bismarck klang das so:

»Die einzig gesunde Grundlage eines großen Staates ist der staatliche Egoismus und nicht die Romantik, und es ist eines großen Staates nicht würdig, für eine Sache zu streiten, die nicht seinem eigenen Interesse angehört.«

Es gab in diesen historisch so schwerwiegenden Jahren nur wenige Stimmen aus dem konservativen Lager, die, weitblickend genug, vor einer drohenden neuen Entwicklung warnten. General Joseph Maria von Radowitz dazu:

»Die nächste Revolution wird keine politische, sie wird eine soziale sein. Sie wird nicht mehr irgendeine politische Theorie zum Feldgeschrei haben, sondern den Hunger gegen die Schwelgerei, die Nacktheit gegen den Luxus. Das Proletariat steht in rigoroser Gestalt da, und mit ihm öffnet sich die blutende Wunde der Gegenwart: die Armut. Wird kein Mittel gefunden zur gründlichen Heilung der Massenarmut, so entgeht Europa seinem Sklavenkrieg so wenig wie Amerika dem seinigen.«

Moltkes lebhaftes Interesse für alles Neue, von der Eisenbahn bis zum Fesselballon, steht in krassem Gegensatz zu seiner strikten Ablehnung aller politischen und gesellschaftlichen Neuerungen seines Jahrhunderts, in dem die bürgerliche Revolution die alten vom Adel gesprengten Strukturen grundlegend veränderte. Zwar war Moltke nicht nur Mitglied des preußischen Herrenhauses, sondern sogar Reichstagsabgeordneter, aber bis zuletzt blieben ihm Parteien und Politiker eher suspekt. In seiner streng hierarchisch gegliederten Vorstellung vom Staat stand ein König, dem man Gehorsam schuldete und dessen Befehle ohne Zaudern auszuführen waren, über allen Menschen und Institutionen,

verantwortlich nur gegenüber seinem Gott, der deutlich altpreußische Züge aufwies. »Gegen Demokraten helfen nur Soldaten« war ja auch die Überzeugung des »Kartätschenprinzen«, des späteren Königs und Kaisers Willhelm I., der im unruhigen Berlin den Befehl zum Schießen gegen Demonstranten gegeben hatte. Von Moltkes streng konservativer Überzeugung im Revolutionsjahr 1848 zeugen zahlreiche Briefe:

»Gestern, am 1. Juli 1848, wohnte ich zum erstenmal der Sitzung der Nationalversammlung in der Singakademie bei. Das ist eine traurige Gesellschaft! Es wird gepredigt, nicht gesprochen, viele Worte und wenig Inhalt. Einer kam und beschwerte sich, daß er bei der Wahl Prügel bekommen, und blieb dann stecken. Eine Stunde ging darauf hin, zu bestimmen, ob acht oder sechzehn Mitglieder zu einer Kommission gewählt werden sollten. Bei den Abstimmungen ist ein guter Teil der Abgeordneten noch vollkommen unschlüssig, ob sie Ja oder Nein votieren. Sie stehen auf, sehen sich um und setzen sich wieder, kurz, es ist klar, daß die Leute gar nicht wissen, worum es sich handelt. Und das sind unsere Gesetzgeber. Nach siebenwöchentlicher Beratung sind sie noch nicht mit der Adresse zustande gekommen. Ja, es wurde nochmals in Frage gestellt, ob man überhaupt die Adresse beraten wolle. Nur erst eine Autorität, welche es immer sei, nur nicht länger die Herrschaft der Advokaten, Literaten und weggejagten Leutnants! Man blickt mit Verachtung auf Berlin. Zum Krieg wird es endlich wohl kommen, da ist es ein Trost, daß bei dem ersten Kanonenschuß die Rolle aller dieser Schwätzer zu Ende ist. Gott vergebe ihnen, was sie dem armen, unglücklichen Lande bereitet haben.

Wahr ist, wir sind in einer ernsten Krise. Bis zur Steuerverweigerung sind wir gekommen. Der nächste Schritt ist die rote Republik. Treue, Zucht und Gehorsam sind anscheinend nur noch im Heer und im Beamtentum vorhanden, über wel-

che denn auch die Presse die ganze Schale ihres Zornes ausgießt. Ich hoffe zu Gott, daß Vernunft und Recht siegen.«

Aber solche depressiven Stimmungen und Gedanken halten bei Moltke nicht lange vor:

»Die schlechteste Regierung kann dieses Volk nicht zugrunde richten, Preußen wird doch noch an die Spitze von Deutschland kommen.«

Gefahren für den Frieden

Mit 87 Jahren analysiert Moltke die Gefahren eines anbrechenden neuen Zeitalters:

»Es ist das Unbehagen über innere Zustände, das Treiben der Parteien, besonders der Wortführer, welche den Frieden gefährden. Leichter wird der folgenschwere Entschluß zum Kriege von einer Versammlung gefaßt, in welcher niemand die volle Verantwortung trägt, und öfter wird man ein friedliebendes Staatsoberhaupt finden, als eine Volksvertretung von Weisen! Die großen Kämpfe der neuen Zeit sind gegen Wunsch und Willen der Regierenden entbrannt. Die Börse hat in unseren Tagen einen Einfluß gewonnen, welcher die bewaffnete Macht für ihre Interessen ins Feld zu rufen vermag. Mexiko und Ägypten sind von europäischen Heeren heimgesucht worden, um die Forderung der hohen Finanz zu liquidieren. Weniger kommt es darauf an, ob ein Staat die Mittel besitzt, Krieg zu führen, als darauf, ob seine Leitung stark genug ist, ihn zu verhindern.«

Der Feldherr

»Getrennt marschieren,
vereint schlagen.«

Am 23. Oktober 1857 übernahm der »Kartätschenprinz« stellvertretend für den schwer erkrankten Friedrich Wilhelm IV. die Aufgaben des Königs. Nur sechs Tage später wird Moltke – »nebst einer Zulage von 1200 Talern jährlich« – Chef des Generalstabs der Armee. Er ist 56 Jahre alt, von Kindheit an Soldat und steht eigentlich am Ende einer ganz ungewöhnlichen Karriere, in der er sich militärisch weder sonderlich bewähren noch auszeichnen konnte. Als Adjutant von Prinzen hatte er zwar die Höfe von Paris und Wien, London und St. Petersburg kennengelernt, hatte nebenbei wertvolle karthografische Arbeiten in Rom geleistet, aber all das verdankte er viel mehr seiner Bildung als soldatischen Fähigkeiten. Er wollte nie eine Hofschranze sein, aber viele Jahre seines Lebens hat er solchen Dienst getan. Der »geniale Feldherr«, als der er in die Geschichte eingegangen ist, wurde er erst in einem Alter, in dem andere Offiziere in den Ruhestand traten; seinen Ruhm errang er in einem Zeitraum von nur fünf Jahren.

Auch wenn der Krieg gegen Frankreich 1870/71, dessen herausragendes Ergebnis die Gründung des Deutschen Reiches nach Moltkes siegreichem Feldzug und Bismarcks geschicktem Taktieren war, den Höhepunkt in Moltkes Feldherrenleben darstellt, war doch der Sieg über die österreichische Armee bei Königgrätz zunächst für den Verlauf der Geschichte entscheidend. Moltke, der gewissermaßen über Nacht zum berühmtesten und in allen Teilen der Bevölkerung beliebtesten Offizier Preußens wurde, hat den Ablauf der Schlacht mehrfach beschrieben, auch in einem Brief an seine Frau unmittelbar nach dem Sieg. 15 Jahre später hat Moltke eine sehr nüchterne, den Ansprüchen der Militärhistoriker gemäße Darstellung verfaßt, die am 5. Mai 1891,

elf Tage nach Moltkes Tod, veröffentlicht wurde. Natürlich ist es unwissenschaftlich, Bericht und Brief zusammenzufassen. Doch sei hier die Ausnahme gestattet, da der militärhistorische Forscher sowieso die Originale heranziehen wird:

»*Als Se. Majestät der König am 30. Juni beim Heer in Böhmen eintraf, hatte mit der II. Armee der Kronprinz nach siegreichen Kämpfen das schlesische Grenzgebirge bereits überschritten und die einzeln entgegentretenden österreichischichen Korps über die obere Elbe zurückgeworfen. Prinz Friedrich Karl war mit der ersten Armee über Gitschin hinaus vorgedrungen. Beide Heeresteile konnten in einem Marsch versammelt werden. Der Vorteil der inneren Operationslinie, welchen eine rechtzeitig in Böhmen versammelte Streitmacht unstreitig gegen zwei preußische Heere gehabt haben würde, mußte in dem Maße schwinden, wie beide sich einander näherten. Feldmarschall Benedek (österreichischer Oberbefehlshaber – W. H.) konnte jetzt das eine nicht mehr angreifen, ohne von dem anderen in der Flanke getroffen zu werden.*

Die Vereinigung von zwei bis dahin gesonderten Armeen auf dem Schlachtfeld selbst halte ich für das Höchste, was strategische Führung zu erreichen vermag. Es lag daher im Plane des Feldzugs, die anfangs unvermeidliche Trennung jetzt freiwillig aufrecht zu erhalten und das unmittelbare Zusammenwirken bis zu dem Augenblick zu verschieben, wo man auf die Hauptmacht des Gegners stoßen würde. Diese durfte in einer Stellung hinter der Elbe vermutet werden, den schwer zu überschreitenden Strom vor der Front, die Flügel angelehnt an zwei Festungen: Josephstadt und Königgrätz.

»*Ich bin so glücklich, einen gesunden Schlaf zu haben, welcher die Sorgen des Heute vergessen und gestärkt für den Morgen erwachen läßt. Eben hatte ich mich am 2. Juli zur Ruhe gelegt, als um 11 Uhr ganz unerwartet der General von Voigts-Rhetz zu mir ins Zimmer trat. Es hatten mehrfache Rekognoszierungen stattgefunden, die mit Sicherheit feststellten, daß*

Wenn Moltke scherzte

Am 14. Juni 1866, unmittelbar vor Beginn des Krieges gegen Österreich, trafen sich nachts Bismarck und Moltke. Bismarck erinnerte sich später:

»*In der Juninacht, in der ich Moltke zu mir geladen hatte, um mich zu vergewissern, ob der Aufbruch des Heeres nicht um 24 Stunden verfrüht werden könnte, bejahte er die Frage und war durch die Beschleunigung des Kampfes angenehm erregt. Indem er elastischen Schrittes den Salon meiner Frau verließ, wandte er sich an der Tür noch einmal um und richtete in ernsthaftem Ton die Frage an mich: Wissen Sie, daß die Sachsen die Dresdener Brücke gesprengt haben? Auf meinen Ausdruck des Erstaunens und Bedauerns erwiderte er: Aber mit Wasser, wegen Staub. Eine Neigung zu harmlosen Scherzen kam bei ihm in dienstlichen Beziehungen wie den unsrigen sehr selten zum Durchbruch.*«

das österreichische Heer nicht hinter der Elbe, sondern vorwärts derselben an der Bistritz stehe. Prinz Friedrich Karl hatte bereits eine Konzentration nach vorwärts befohlen und mit diesen wichtigen Nachrichten den Chef seines Generalstabs in das Hauptquartier abgesandt, wo Seine Majestät ihn an mich verwies. Jetzt gab es keine quälenden Zweifel mehr, was zu tun sei. Ich ging nach der am Marktplatz mir gegenüberliegenden Wohnung des Königs, wurde sogleich vorgelassen und fand ihn in seinem Feldbette liegend, natürlich ganz allein. Es bedurfte weniger Worte, um die Gunst der augenblicklichen Lage zu schildern, wenn sie ausgenutzt wurde, bevor die Österreicher ihren Rückzug über die Elbe fortsetzten. Se. Majestät war sofort entschlossen, den Feind am frühen Morgen des 3. Juli anzugreifen. Die bereits getroffenen Anordnungen des Prinzen Friedrich Karl entsprachen vollkommen dieser Absicht, und es kam nur darauf an, die Mitwirkung des Kron-

prinzen sicherzustellen, welcher jetzt gerade in der Flanke des Gegners stand.

Es war ein trüber, regnerischer Morgen, die schon in der Nacht abgerückten Truppen hatten beschwerliche Märsche zurückzulegen; dennoch war gegen sieben Uhr alles versammelt. Die ersten Schüsse fielen auf dem rechten Flügel, und allmählich verbreitete sich das Feuer auf der ganzen, eine Meile langen Front. Es wurde erkennbar, daß wir nicht Teile, sondern die ganze österreichische Armee vor uns hatten. Die österreichische Artillerie schoß sehr gut. Kaum ließ sich eine Kolonne Infanterie oder Kavallerie sehen, so schlug eine Granate in unfreundlicher Nähe ein, und das Feuer der Batterien ertrug sie mit großer Standhaftigkeit. Nun blitzte es aber auch von dem hochgelegenen Dorf Chlum her, und wir schlossen, daß der Kronprinz links im Anmarsch sein müsse. Seine Majestät der König war um acht Uhr auf dem Rozkos-Berg, wo Prinz Friedrich Karl seine Meldung erstattete. Mehrere Fürstlichkeiten, auch Graf Bismarck, traten hinzu, und bald bildete das Gefolge eine so beträchtliche Gruppe, daß eine feindliche Batterie ein paar Granaten herüber schickte.«

»Ich verhinderte den Befehl«

Es lag nicht in unserem Interesse, hier um jeden Preis durchzubrechen, und ich verhinderte den schon erlassenen Befehl, die Batterie zu erstürmen. Das Vorrücken der beiden Flügel mußte von selbst die Räumung erzwingen. So geschah es auch, und nun folgten wir der Kavallerie, welche reichlich eine Meile in schärfster Gangart vorging. Hinter den zwölf Geschützen lag die gesamte Bespannung an Pferden tot. Man hatte sie bis zum letzten Augenblick bedient, ihre Rettung aufgebend. Es erfolgten von uns mehrere Kavallerie-Attacken, die nicht alle gelangen. Das thüringische Husarenregiment war in ein Dorf geritten, und wohl dreißig

Pferde kamen herrenlos wieder heraus. Vorerst mußte man sich damit begnügen, die Bistritz-Linie und die an dem Bach liegenden Dörfer in Besitz zu nehmen und den Feind auf seiner ganzen Front zu beschäftigen. Darüber verliefen Stunden, ohne daß die Gefechtslinie merklich vorrückte.

Man hat versucht, die Sache so darzustellen, als ob die schon halb verlorene Schlacht durch das zufällige Erscheinen des Kronprinzen noch gerettet worden wäre. Nirgends sind die Österreicher über die Bistritz vorgedrungen, ein Teil der Dörfer wurde bald genommen, und die II. Armee hatte den bestimmten Befehl, vorzurücken. Freilich durfte in Betracht der Entfernung ihr Eintreffen kaum früher als Mittag erwartet werden. Natürlich blickten viele schon früher mit Ungeduld nach dem Kronprinzen aus, aber zu Besorgnissen war kein Grund vorhanden. Als der König mich fragte, was ich von der Schlacht halte, antwortete ich: ›Ew. Majästet werden heute nicht nur die Schlacht, sondern den Feldzug gewinnen.‹

Dicht vor uns lag der Wald von Sadowa. Ich erinnere mich, wie ein Reh in hohen Sprüngen mitten durch die Bataillone und Trupps hindurch setzte. Mit Wartensleben ritt ich eine Strecke auf der nach Lipa führenden Chaussee vor, auf welcher wir einem herrenlosen Ochsen begegneten, der unbekümmert um die links und rechts einschlagenden Granaten ruhig dahin schritt. Jenseits des Waldes ragte eine nur durch zwei Bäume gekrönte Bergkuppe hervor, welche sich scharf gegen den Horizont abzeichnete. Jetzt, 11 Uhr vormittags stieg dort die weiße Wolke einer feuernden Batterie empor, und freudig wiederholte man sich: Der Kronprinz ist heran! Um zwei Uhr zeigte das Aufblitzen der uns zugekehrten Geschütze, daß die Höhe von der II. Armee besetzt sei.

Inzwischen dauerte der Artilleriekampf aus hunderten von Feuerschlünden auf der ganzen Front an. Jetzt trat die ganze I. Armee ihren Vormarsch an, die Kavallerie wurde vorgezogen, und mit ihr folgte der König über die Brücke von Sowe-

titz. *Im scharfen Tempo ging es über den Raum, auf welchem der Kampf Opfer gekostet hatte, von denen der Blick sich am liebsten abwendet. An manchen Stellen war das Feld förmlich bedeckt mit Leibern von Menschen und Pferden. Unser Verlust war groß, namentlich an Offizieren. Gewehre, Tornister, Mäntel lagen überall herum. Es gab schreckliche Verwundungen, niemand konnte helfen. Ein Offizier flehte uns an, ihn tot zu schießen.*

Bismarcks Zigarren

Moltke schildert eine Begebenheit am Rande der Schlacht von Königgrätz:

»*Die Schlacht war zum Stehen gekommen. Die Truppen standen seit fünf Stunden im lebhaften Feuer des Feindes, ohne Verpflegung, da zum Kochen keine Zeit. Einiger Zweifel über den Ausgang der Schlacht mochte sich bei manchen regen, vielleicht auch bei Graf Bismarck, als er mir seine Zigarrentasche anbot. Wie ich später erfahren, hat er es für ein gutes Zeichen gehalten, daß ich ihm von zwei Zigarren kaltblütig die Beste wegnahm.*«

Langenhof war noch von Versprengten besetzt, und Gewehrschüsse wurden auf uns gerichtet. Indes ging es immer vorwärts, und wir hatten bald den Anblick der großen Attacke der österreichischen Reservekavallerie und der krausen Reitergefechte, welche darauf folgten. Es haben am 3. über 1000 Geschütze einander gegenüber gestanden, und der Munitionsverbrauch ist enorm gewesen. Bei der Rückfahrt in der Nacht begegneten wir anderthalb Meilen Munitionswagen, welche neue heran führten. Mein Sattelpferd lahmte, aber nach neuem Beschlag, meint Dominique, wird es wieder gehen. Ich kam zu Fuß eine Stunde früher zur Stadt; die Elbbrücke war abgebrannt und rauchte noch, aber schon lagen zwei

Pontonbrücken daneben, vom Feinde nichts mehr zu sehen.
  Alle Teile beider preußischer Armeen waren, von drei Seiten anrückend, auf dem Schlachtfeld versammelt, mehr als 200 000 Mann auf kaum einer halben Quadratmeile. Dieses Knäul noch am selben Abend zu entwirren, war unmöglich. So gelangten wir erst gegen Mitternacht in unser Quartier. In der Eile und Ungeduld des Aufbruchs am Morgen hatte niemand von uns daran gedacht, sich mit Lebensmitteln zu versorgen; auch der König hatte nichts. Als die Aufregung sich gelegt hatte und zwölf Stunden im Sattel zugebracht waren, stellte sich der Hunger ein. Von einem Ulanen erhielt ich eine Schnitte Leberwurst, Brot hatte er nicht. Von Erschöpfung fiebernd warf ich mich mit den Kleidern aufs Bett, denn schon in aller Frühe mußte die Genehmigung Sr. Majestät für die nun notwendig werdenden Anordnungen eingeholt werden.
  Gestern fuhren wir über das Schlachtfeld, noch tags zuvor waren Verwundete aufgelesen worden. Die toten Österreicher und Sachsen lagen teils noch unbeerdigt. Man war beschäftigt, große Gruben zu graben und hatte Massen Leichen dahin geschleppt. Die Brandstätten von sieben Dörfern rauchten noch, und in den stehengebliebenen Häusern lag alles voller Verwundeter. Lange Wagenzüge führten die leicht Blessierten zurück. Weiterhin wurden die Leichen seltener, aber die Zeichen einer wilden Flucht mehrten sich. Tausende von Tornistern, Käppis und Säbeln bedeckten das Feld. Wir fuhren ganz dicht an die kleine Festung Königgrätz heran, welche vorgestern beinahe auf die beiläufige Aufforderung eines Husarenoffiziers kapituliert hatte. Der Kommandant hatte 24 Stunden Bedenkzeit gefordert, und man hatte eine kleine Kanonade eröffnet. Er scheint dann doch zur Besinnung gekommen zu sein.
  Heute traf der österreichische Feldmarschall-Leutnant Gablenz ein; seine Bitte um Waffenstillstand mußte abgelehnt werden.«

Wohl selten ist in der Geschichte eine Schlacht vom siegreichen Feldherrn mit soviel sachlicher Detailtreue – bis zum flüchtenden Reh und zur Leberwurst – geschildert worden. Die Ablehnung der Bitte um Waffenstillstand entsprach exakt den strategischen Vorstellungen Moltkes, der die Verfolgung des geschlagenen Gegners bis zu dessen totaler Vernichtung für absolut notwendig hielt. Bald darauf griff jedoch Bismarck ein, verhandelte mit Österreich und ersparte dem Kaiser die Demütigung eines Einmarsches preußischer Truppen in Wien.

Interessant an Moltkes Schlachtschilderung ist auch, daß er seinen eigenen Anteil am Sieg fast vollkommen zurückstellt, die oberste Befehlsgewalt des Königs betont und seinen bis ins letzte durchdachten Plan vom getrennten Marschieren und vereinten Schlagen wie etwas ganz übliches darstellt. Nur wenn er von den »Fürstlichkeiten« spricht, die sich – wie Kriegstouristen – auf dem Feldherrenhügel versammelten, spürt man einen winzigen kritischen Gedanken, den er – in anderem Zusammenhang und schon vor der Schlacht von Königgrätz – so formuliert hat:

Das Hauptquartier

Die Zusammensetzung des Hauptquartiers einer Armee ist von einer Wichtigkeit, die nicht immer genügend erkannt wird.

Es gibt Feldherren, die keines Rates bedürfen; ihre Umgebung hat nur auszuführen. Aber das sind Sterne erster Größe, deren kaum jedes Jahrhundert aufzuweisen hat.

In den allermeisten Fällen wird der Führer eines Heeres des Beirats nicht entbehren wollen. Dieser kann sehr wohl das Resultat gemeinsamer Erwägung einer kleineren oder größeren Zahl von Männern sein. Aber in dieser Zahl schon darf nur eine Meinung zur Geltung kommen.

Man umgebe aber den Feldherren mit einer Anzahl voneinander unabhängiger Männer – je mehr, je vornehmer, ja je gescheiter, umso schlimmer – er höre bald den Rat des einen, bald des anderen; er führe eine an sich zweckmäßige Maßregel bis zu einem gewissen Punkt, eine noch zweckmäßigere in einer anderen Richtung aus, erkenne dann die durchaus begründeten Einwürfe eines Dritten und die Abhilfevorschläge eines Vierten, so ist Hundert gegen Eins zu wetten, daß er mit lauter wohl motivierten Maßregeln seinen Feldzug verlieren wird.

Es gibt in jedem Hauptquartier eine Anzahl von Leuten, die mit großem Scharfsinn alle Schwierigkeiten bei jeder vorgeschlagenen Unternehmung hervorzuheben wissen. Bei der ersten eintretenden Verwicklung weisen sie überzeugend nach, daß sie alles vorhergesagt haben. Sie sind immer im Recht, denn da sie selbst nicht leicht etwas Positives vorschlagen, viel weniger es ausführen, so kann der Erfolg sie nie widerlegen. Diese Männer sind das Verderben der Heerführer.«

In solcher Überzeugung schulte Moltke die Offiziere des Generalstabs; und vor solchem Hintergrund gewinnt ein bescheidener Satz in seinem Bericht über Königgrätz eine neue Bedeutung: »Ich verhinderte den schon erlassenen Befehl, die Batterie zu stürmen.« Man darf daraus schließen, daß der preußische König, zumindest zu Beginn der alles entscheidenden Schlacht, als oberster Kriegsherr Befehle zum Angriff ohne Wissen seines Feldherrn ausgab – aber Moltke setzt sich durch. Nie hätte er – auch viele Jahre später – deutlicher als in solcher Formulierung Kritik an seinem König geübt. Alle militärischen Erfolge Moltkes, alle auch im Krieg gegen Frankreich errungenen triumphalen Siege finden ihren Ursprung in jahrelanger theoretischer Kleinarbeit.

Viele Schweiger

Graf Wardensleben-Carow, im Krieg gegen Österreich Major im Großen Generalstab, berichtet:
Einer der Herren aus der Umgebung des Königs beklagte sich eines Tages bei Moltke, daß er von den Offizieren des Generalstabs fast gar nichts erfahre. Moltke erwiderte: »Ich danke Ihnen namens meiner Offiziere; es ist das beste Kompliment, was dem Generalstab gemacht werden kann.«

Der von Moltke zu höchster Effektivität entwickelte Generalstab baute auf Clausewitz auf, entwickelte Theorien des Kampfes, die dann in drei Kriegen – 1864, 1866, 1870/71 – erprobt wurden, während Clausewitz seine Gedanken »Vom Kriege« nie an der Realität zu messen vermochte. Die Schlacht von Königgrätz, die 1865 weder vorhergesehen noch generalstabsmäßig geplant werden konnte, war in ihren Grundgedanken von Moltke schon ein Jahr zuvor durchgespielt worden:

Die Versammlung der Streitkräfte

Die Schwierigkeiten in der Bewegung wachsen mit der Größe der Truppenkörper. Mehr als ein Armeekorps kann auf einem Wege an einem Tage nicht fortgeschafft werden. Daraus ergibt sich, daß bei Armeen die Getrenntheit der Korps der normale Zustand, daß ihre Versammlung ohne bestimmten Zweck ein Fehler ist.

Die dauernde Konzentration wird, schon mit Rücksicht auf die Ernährung, oft eine Unmöglichkeit; sie drängt zur Entscheidung und darf deshalb nicht stattfinden, wenn der Augenblick der Entscheidung nicht gekommen ist.

Die versammelte Armee kann überhaupt nicht mehr marschieren, sie kann nur noch querfeldein bewegt werden. Um zu marschieren muß sie erst wieder getrennt werden, was angesichts des Gegners eine Gefahr wird.
Wenn dennoch die Vereinigung aller Streitkräfte zur Schlacht unbedingt geboten ist, so liegt in der Anordnung getrennter Märsche unter Berücksichtigung rechtzeitiger Versammlung das Wesen der Strategie.«

Nachträglich hat man den gewiß nicht falschen Eindruck, als habe Moltke die Schlacht streng nach dem selbst erdachten Lehrbuch ablaufen lassen wie ein Wissenschaftler das Experiment im Labor. Bezeichnend für die grundsätzliche Einstellung Moltkes in allen Lebenslagen ist der knappe Satz: »... sie drängt zur Entscheidung und darf deshalb nicht stattfinden ...« Nie darf sich ein Feldherr zur Entscheidung drängen lassen, »wenn der Augenblick nicht gekommen ist«. Das ist der ganze Moltke.

Trotz aller theoretischen Basis seines Handelns ist Moltke sich immer darüber klar gewesen, daß auch die beste Planung einer Schlacht nur für ihren Beginn Maßstab sein kann:

Der Feldzugsplan

Es ist eine Täuschung, wenn man glaubt, einen Feldzugsplan auf weit hinaus feststellen und bis zum Ende durchführen zu können. Der erste Zusammenstoß mit der feindlichen Hauptmacht schafft, je nach seinem Ausfall, eine neue Sachlage. Vieles wird unausführbar, was man beabsichtigt haben mochte, manches möglich, was vorher nicht zu erwarten stand. Die geänderten Verhältnisse richtig auffassen, für eine absehbare Frist das zweckmäßige anordnen und entschlossen durchführen, ist alles, was die Heeresleitung zu tun vermag. Zu der Rechnung mit einer bekannten und einer unbekannten Größe

– dem eigenen und dem feindlichen Willen – treten noch dritte Faktoren, die sich jeder Voraussicht entziehen: Witterung, Krankheiten und Eisenbahnunfälle, Mißverständnisse und Täuschungen, kurz alle Einwirkungen, welche man Zufall, Verhängnis oder höhere Fügung nennen mag, die aber der Mensch weder schafft noch beherrscht.

Und doch ist dadurch die Kriegführung der blinden Willkür nicht verfallen. Ein Wahrscheinlichkeitskalkül müßte ergeben, daß alle jene Zufälligkeiten ebenso oft zum Schaden oder Vorteil des einen wie des anderen Teiles gewesen sind.

Es liegt auf der Hand, daß theoretisches Wissen allein nicht ausreicht, sondern daß hier die Eigenschaften des Geistes wie des Charakters zur freien, praktischen, zur künstlerischen Entfaltung gelangen, geschult freilich durch militärische Vorbildung und geleitet durch Erfahrung, sei es aus der Kriegsgeschichte oder aus dem Leben selbst.«

Die Kraft der Armee

Die Eigenschaften des Geistes wie des Charakters« haben Moltke bei seinen Überlegungen zur Offiziersausbildung immer wieder beschäftigt. 1869 erließ er die »Verordnungen für die höheren Truppenführer«, die keinen Zweifel daran lassen, welch hohe Anforderungen der General an seine Offiziere und ihre Haltung stellte:

»Das Feld für die reale Tätigkeit der Armee ist der Krieg; ihre Entwicklung aber, ihre Gewöhnung und ihr längstes Leben fallen in die Zeiten des Friedens. Dieser Gegensatz bringt eine Schwierigkeit für die zweckmäßige Ausbildung.

Das moralische Element kommt im Frieden seltener zur Geltung, im Krieg bildet es die Bedingung jeglichen Erfolges, den

wahren Wert einer Truppe. Im Kriege wiegen die Eigenschaften des Charakters schwerer als die des Verstandes, und mancher tritt auf dem Schlachtfelde glänzend hervor, der im Garnisonsleben übersehen wurde. Beim kriegerischen Handeln kommt es oft weniger darauf an, was man tut, als darauf, wie man es tut. Fester Entschluß und beharrliche Durchführung eines einfachen Gedankens führen am sichersten zum Ziel.

Generalstäbler

Moltke hatte eine hohe Meinung von seinen Generalstabsoffizieren, deren anspruchsvollen Ausbildungsstand er immer neu zu verbessern suchte. Für besonders praktisch hielt er sie allerdings nicht; eine seiner beliebtesten Scherzfragen lautete:

»Wer war der erste Generalstabsoffizier? Moses, denn der hat es fertig gebracht, die Juden vierzig Jahre in einer ziemlich kleinen Wüste in die Irre zu führen.«

Gesteigerte Anforderungen stellt der Krieg an den Offizier, welcher das Vertrauen des Soldaten durch sein persönliches Verhalten zu erwerben hat. Von ihm wird erwartet, daß er Ruhe und Sicherheit auch in den schwierigsten Lagen bewahrt, ihn will man an der Spitze sehen, wo die Gefahr am größten. In dem Zugführer vor der Front, in dem Hauptmann und dem Rittmeister, auf den alle Blicke gerichtet sind, liegt die Kraft der Armee.«

So nachdenkliche Offiziere waren auch zu Moltkes Zeiten die Ausnahme. Der »Dienst« stand im Vordergrund, Befehl und Gehorsam seine unverzichtbare Grundlage. Über den Krieg, für den sie ja letztlich geschult wurden, dachten nur wenige nach. Für Moltke stand er im Mittelpunkt seines Denkens:

»Vom Wesen des neuzeitlichen Krieges«

Ich halte den Krieg für ein letztes aber vollkommen gerechtfertigtes Mittel, das Bestehen, die Unabhängigkeit und die Ehre eines Staates zu behaupten. Hoffentlich wird dies letzte Mittel bei fortschreitender Kultur immer seltener in Anwendung kommen, aber ganz darauf verzichten kann kein Staat. Ist doch das Leben des Menschen, ja, der ganzen Natur ein Kampf des Werdenden gegen das Bestehende, und nicht anders gestaltet sich das Leben der Völker. Wer möchte in Abrede stellen, daß jeder Krieg, auch der siegreiche, ein Unglück für das eigene Volk ist, denn kein Landerwerb, keine Milliarden können Menschenleben ersetzen und die Trauer der Familien aufwiegen. Aber wer vermag sich in dieser Welt dem Unglück, wer der Notwendigkeit zu entziehen? Sind nicht beide nach Gottes Fügung Bedingungen unseres irdischen Daseins? Und daß der Krieg auch seine schöne Seite hat, daß er Tugenden zur Ausführung bringt, die sonst schlummern oder erlöschen würden, kann wohl kaum in Abrede gestellt werden.«

Für Moltke stand außer Frage, daß »Krieg die Fortsetzung der Politik mit anderen Mitteln« bedeutet. Zugleich aber war er selbstbewußt und stolz genug, im erfolgreich geführten Krieg die Grundlage für eine neue, weiterreichende Politik zu sehen. Selbst wenn er – gelegentlich zähneknirschend – den »Primat der Politik« für die Streitkräfte respektierte, gab es für ihn keinen Zweifel, daß politisches Handeln ohne Macht erfolglos sein muß. Er war nie ausschließlich Soldat, sondern blieb stets mit großer Kenntnis dem politischen Hintergrund seiner Zeit verbunden. Gerade für ihn, der ein enges Vertrauensverhältnis zu Österreich für notwendig und wünschenswert hielt, war der Krieg von 1866 politisch bedrückend. Man empfindet das noch in seiner »Selbstbiographie« aus demselben Jahr:

»Sehr achtungsvolle Stimmen waren laut geworden, welche aussprachen, daß bei einem Kampf von Deutschen gegen Deutsche Preußen nicht den ersten Schuß tun dürfe. Allein der König und seine Räte erkannten, daß jedes weitere Zuwarten den Staat in Gefahr brachte. Österreich hatte die Initiative der Rüstung ergriffen. Preußen erfaßte die des Handelns und schrieb dadurch für die ganze Folge dem Gegner das Gesetz vor. Hätte man das Überschreiten der sächsischen Grenze um vierzehn Tage verschoben, so würden wir heute aller Wahrscheinlichkeit nach die Schlachtfelder des Krieges auf der Landkarte von Schlesien zu suchen haben.

Es steht zu hoffen, daß das Ergebnis dieses beispiellos schnell verlaufenen Feldzugs eine segensreiche Zukunft für Deutschland und die heranwachsende Generation herbeiführen wird. In der ernsten Prüfung sind die jüngeren Männer gewogen worden, auf welche das preußische Heer in den Kämpfen sein Vertrauen setzen darf, welche wahrscheinlich noch bevorstehen. Ich darf mich glücklich schätzen, meine Laufbahn zu schließen, reich belohnt durch die Gnade des Königs und das Vertrauen meiner Kameraden.«

Als der 65jährige im September 1866 diese Zeilen schrieb, ahnte er nicht, daß bald darauf der Krieg gegen Frankreich seinen Weltruhm erst noch begründen würde. Für ihn blieb jedoch Königgrätz die entscheidende Schlacht nicht nur seines Lebens, sondern auch der preußischen Geschichte, die ohne den Sieg über Österreich schwerlich in die deutsche Einigung von 1871 eingemündet wäre. Knapp zwanzig Jahre später sieht sogar der sonst so trocken, nüchterne Moltke »seine« größte Schlacht in verklärtem Licht. Einem Biographen sagt er:

»Da Ihre Feder noch zu Tausenden und Tausenden sprechen wird, sagen Sie, daß die letzten Worte des greisen Chefs des Generalstabs der preußischen Armee waren: In

dieser ernsten Prüfung hat der König sein Volk gewogen und auch das Volk seinen König! Welch Gefühl, heute Preuße zu sein! Vom König bis zum letzten seiner Untertanen! Und auch die jüngeren Männer, in welche das preußische Heer in zukünftigen Kämpfen sein Vertrauen setzen darf, sind gewogen worden; so wie der Patriotismus des ganzen Volkes. Jetzt kennt Preußen sich! Das ist das größte Resultat des Kriegs! Jetzt kann Deutschland sagen: es sei Deutschland, kann mit festem Vertrauen in die Zukunft schauen, denn es hat ja gesehen, daß am Tage von Königgrätz der preußische Adler ebenso jung, so kraftbewußt seinen Siegesflug nahm, wie bei Ferbellin, Leuthen und Belle Alliance.«

Es ist interessant nachzuerleben, wie selbst der bescheidene, zurückhaltende Moltke noch im hohen Alter vom deutschen Hurra-Patriotismus mitgerissen wird, der bald darauf im Ausspruch Kaiser Wilhelms II. seinen erschreckenden Höhepunkt finden sollte: »Am deutschen Wesen wird die Welt genesen.«

Es scheint, daß überall in der Geschichte die Siegreichen besonders gefährdet waren.

Der Höfling

Gerade weil Moltkes Biographen – vor allem in den ersten Jahrzehnten nach seinem Tod – unermüdlich das Bild des glorreichen Feldherrn, des Siegers von Königgrätz und Sedan einer ehrfürchtig staunenden Nachwelt reproduzierten, mag es nützlich sein, daran zu erinnern, daß der große Soldat fast sein ganzes Leben lang eine Hofschranze gewesen ist, solch abfälliger Ausdruck wird von ihm selbst einmal ironisch benutzt (S. 44). Kaum hatte er sich die ersten Sporen seiner Offizierskarriere verdient, da wurde er immer wieder zum Dienst bei königlichen Hoheiten befohlen, lernte als Adjutant höfisches Leben in London, Paris und St. Petersburg kennen, wurde einem Preußenprinzen in Rom attachiert, lernte seinen Tag zwischen militärischem Dienst und gesellschaftlichen Pflichten aufzuteilen, wobei Bälle und Kostümfeste, Bootsfahrten und Galaessen den ersten Rang einzunehmen hatten. Diese bevorzugte Stellung verdankte er seiner hohen Bildung, gepaart mit einem kompromißlos asketischen Soldatentum, seiner persönlichen Anspruchslosigkeit, die von höfischer Pracht nicht zu kompromittieren war und, gewiß nicht zuletzt, seiner Vielsprachigkeit. Daß er überall »eine gute Figur« zu machen wußte und sich wohltuend abhob vom ungehobelten Haudegengeneral der Wrangel-Anekdoten und Blücher-Berichte hat seine Karriere bei Hofe ebenso gefördert wie sein umfassendes militärisches Genie. Die nüchterne Sachlichkeit, die ihn bei einer Reise Pfeiler von Eisenbahnbrücken zählen ließ, um nebenbei ihre Tragfähigkeit zu errechnen, findet sich auch in zahlreichen Briefen an seine Frau Marie; und während Militärhistoriker in Moltkes exakten Schlachtenanalysen schwelgen, finden Kulturhistoriker viel Wissenswertes in den detaillierten Schilderungen gesellschaftlichen Lebens, das gelegentlich auch anstrengend war:

»Heute muß ich schließen, denn ich soll bei der Prinzeß von Preußen zu Mittag essen; ich äße lieber bei Dir, liebe gute Seele.«
»In Baruth lagen wir zwei Tage vortrefflich auf dem Schloß. Der junge Graf kam, um die Honneurs für seinen Vater zu machen. So ein Diner zur rechten Zeit mit Artischocken, jungen Erbsen, Birkhühnern, Eis und Champagner schmeckt sehr gut.«
»Ich komme nicht dazu, etwas Vernünftiges zu schreiben. Die vielen Diners hatten mich so angegriffen, daß ich gestern ganz melancholisch war.«

Passionierte Jäger mögen es Moltke nachsehen, daß seine Schilderungen höfischer Jagden waidmännisches Engagement gelegentlich vermissen lassen; Jagdgesetze waren noch unbekannt:

»Dörfer und Schlagbäume prangten mit bunten Lampen, und der Himmel darüber mit funkelnden Sternen. Jupiter und Venus waren zusammengetreten, am hellsten aber leuchteten die hohen Fenster des alten Schlosses mit fabelhaft dicken Mauern und schönen flachen Gewölben durch alle Stockwerke. Der junge Fürst ist seit wenigen Wochen mit seiner sehr schönen Kusine, einer v. Kleist, vermählt. Er hat ein Besitztum von mehreren Quadratmeilen und 96 000 Morgen eingehegten Forst, daher einen prachtvollen Wildbestand, außerdem 200 000 Taler jährlich.
Der Fürst schoß aus Artigkeit nicht mit. Schon bei guter Zeit morgens schallten die Hörner, die Schlitten fuhren vor, und die prächtigen Pferde mit silbernem Geläute jagten über weite Schneeflächen und dunkle Tannenwälder nach dem großen Wildpark. Dort paradierte das ganze Jagdpersonal, wohl an vierzig Förster. Eine große Waldfläche von mehreren hundert Morgen wird von zwei Seiten von Leinen eingefaßt, von welchen Lappen herabhängen, an der dritten Seite stehen die Schützen, hinter Ständen von Tannenzweigen möglichst ver-

deckt. Von der vierten Seite setzen sich die Treiber, wohl hundert an der Zahl, in Bewegung. Es durfte nur Rot- und Schwarzwild geschossen werden, aber davon weder ein Alttier noch eine Bache. Ich wäre damit nie fertig geworden, hätte ich nicht einen Förster mit zwei Doppelbüchsen hinter mir gehabt, welcher mir soufflierte.

Endlich kam ein ganzes Rudel Hirsche, denen sich wohl zwanzig Sauen angeschlossen. Aber sobald sie Witterung bekamen, jagte die ganze gemischte Gesellschaft mitten durch die Treiber. Ich schoß nach einem Rehbock und fehlte. Gegen Abend brachte man den Prinzen auf die Körnung, einen Ort, wo die Sauen gefüttert werden. Dort mußte er zu Schusse kommen.

Unterwegs sahen wir eine Bache mit zwei Frischlingen. Der Schlitten flößte ihnen keine Besorgnis ein; ich sprang herunter, sie standen unbeweglich, ich feuerte mit beiden Läufen, doch beide versagten. Da fand ich denn, daß im übergroßen Eifer die Sicherung nicht entfernt war. Noch hielten die Schweine, und ich schoß, etwas unruhig geworden, doch so, daß ich gewiß glaubte, richtig abgekommen zu sein. Auch der Förster war der Meinung, daß ich richtig abgekommen sei, aber das Schwein war davon. Da man am folgenden Morgen ein angeschossenes Schwein fand, wurde mir dieses angerechnet. Erst bei Dunkelheit kehrten wir zu unserem Diner zurück.

Elf Stunden im Freien bei sechs bis sieben Grad Kälte machen müde. Mit Tagesanbruch ging es in einen anderen Forst. In einem der letzten Treiben kam eine Bache mit fünf oder sechs Jungen. Ich lag schon im Anschlag, als mein Förster mich festhielt und rief: ›Die Hirsche kommen‹. Wirklich, ein ganzes Rudel, einer stutzte vor mir. ›Habens die Gnade, gerade drauf zu halten‹. Paff, da lag der Hirsch. Mein Mentor war ganz außer sich vor Freude. ›Jesus, Jesus, er liegt‹, rief er und schlug mich dabei, aller Etikette vergessend, mit der Hand auf den Rücken. Im ganzen sind, glaube ich, sechsundzwanzig Stück geschossen, davon hat der Prinz, dem man natürlich den besten Anlauf gab, zwölf getö-

tet, und davon einige so, daß sie gleich liegen blieben, was nicht leicht ist.«

Kein Zweifel: Die hohe Herrschaft muß damals von guter Kondition gewesen sein, denn kaum war das Halali über die armen Hirsche geblasen und ein weiteres ausführliches Diner eingenommen, da trat der Prinz um drei Uhr früh die Rückreise nach Berlin an, weil er dringend zu einem Maskenball mußte – Pflicht ist Pflicht.

»*Ich war einer der ersten auf dem Ball. Der Prinz fuhr, um sein Inkognito zu wahren, allein in der Droschke. Der Wirt und die Anwesenden zerbrachen sich die Köpfe wer ich sei, bis die Gräfin Schweinitz mich am Ring erkannte und herausplatzte. Ich sagte, daß der Prinz nicht vor zehn Uhr kommen könne, so daß er, als er bald darauf im schwarzen Domino und Kapuze eintrat, lange unerkannt blieb. Man erkannte ihn aber dann doch bald an seinen Armbewegungen, und er legte den Domino ab. Darunter trug er den Anzug des Raul aus den Hugenotten, ganz violett in Seide und Samt, mit einer schönen goldenen Kette und Dolch. Er sah sehr gut aus. Es waren viele hübsche Masken, besonders eine Quadrille, die Damen Rokoko und gepudert, die Herren als Kürassiere vor hundert Jahren. Die Schotten fielen durch. Ich war doch recht müde, auch drückte mich der verwünschte lackierte Schuh. Der Ball dauerte bis zwei Uhr. (Heute Mittag Diner bei Graf Howerden, abend Ball bei Herrn v. Löbbeke). Hübsch war die Überraschung der jungen Gräfin Styrum, eine der schönsten Damen. Ihr Vater war, ohne daß sie es wußte, gekommen. Eine sehr elegante Maske in roter Uniform der Musketiere redete sie an, sagte ihr die interessantesten Dinge, wird aber bald so angelegentlich, daß sie nach und nach auf die Mutter retiriert, zum Erstaunen aller aber dem Fremden um den Hals fällt, als dieser die Larve lüftet.*«

Der Sparsame

Bei schlechtem Wetter schonte Moltke seine eigenen Pferde und nahm eine Droschke, aber nur »zweiter Güte«, weil die billiger waren. Als er einmal in einer Droschke nach Hause gefahren war und bezahlen wollte, salutierte der Kutscher militärisch und sagte: »Exzellenz, es war mir eine Ehre«– und fuhr davon. Moltke hatte sich – sehr typisch für ihn, der stets auch Nebensächliches registrierte – jedoch die Nummer der Droschke gemerkt und schickte dem Kutscher sein Bild mit Unterschrift. Da in Berlin die Verehrung für Moltke auch auf seine Familie ausgedehnt wurde, erlebte Liza von Moltke, eine Nichte des Feldmarschalls, wenige Tage später denselben Vorgang. Auch von ihr weigerte sich ein Kutscher, Geld anzunehmen. Moltke sagte nur lakonisch: »Bestimmt will er ein Bild von Dir haben.«

Die vielen ganz unterschiedlichen Facetten, die das Leben des Generalfeldmarschalls ebenso bunt wie unübersichtlich, gelegentlich auch schwer begreiflich erscheinen lassen, sind wohl nur unter einem Stichwort zu bündeln: Pflicht. Moltke war von früher Kindheit an gewohnt, Befehl und Gehorsam, Pflichterfüllung und Treue zum Monarchen über alle anderen Aspekte seines Lebens zu stellen; und wenn ihn seine Bildung zum Höfling degradierte, war es für ihn ebenso selbstverständliche Pflicht, sich in dieser Aufgabe zu bewähren wie in der Kaserne oder auf dem Schlachtfeld. Daß er viel lieber Chef des Generalstabs werden wollte, stand außer Zweifel, aber daß er als »Erster Adjutant« – immerhin im Range eines Generalmajors – zu Maskenbällen oder Abendessen befohlen wurde, war für ihn nur eine andere Seite der Pflicht, die über allem anderen zu stehen hatte.

Auf Reisen

Moltke, stets auch auf seine Karriere bedacht, nutzte seine Kommandierungen in fremde Länder fast immer in doppelter Weise: Er fertigte Karten an, die zu seiner Zeit von hohem geographischen – und gelegentlich militärischem! – Wert waren, und er schilderte ausführlich und anschaulich seine Reisen, die damals ja nur sehr wenige Menschen unternehmen konnten. Immer sorgte er dafür, daß Karten und Berichte in die »richtigen« Hände gelangten – womöglich in die des Königs –, wofür ein Briefwechsel mit dem achtzigjährigen berühmten Wissenschaftler Alexander von Humboldt aus dem Jahr 1849 ein typisches Beispiel ist. Moltke hatte Humboldt die von ihm angefertigten Karten der Umgebung von Rom zugeschickt, nicht ohne anzumerken:

»Vielleicht würden Euer Exzellenz sich veranlaßt sehen, Seiner Majestät dem König eine Karte vorzulegen, aus der alle bisher in den Zeitungen namhaft gemachten Punkte leicht aufzufinden sind. Insofern Euer Exzellenz überhaupt diese Arbeit einer solchen Auszeichnung würdig erachten, würde ich stolz darauf sein, sie der Beurteilung des erlauchtesten Kenners zu unterbreiten.«

Alexander von Humboldt, auch ein Mann des Hofes, antwortet nicht weniger untertänig:

»Ganz beschämt, durch einen neuen Beweis Ihres so freundlichen Andenkens, eile ich Ihnen zu melden, welche Freude Ihre gestrige Sendung auf dem ›historischen Hügel‹ (gemeint ist das Schloß Sanssouci – W. H.) erregt hat. Sie haben einen der sehnlichsten Wünsche des Königs auf das Höchste befriedigt. Bei dem warmen Interesse, welches Seine Majestät an der Belagerung von Rom nimmt, war jeden Abend die Klage, keinen Plan zu haben, auf dem auch nur die Villa Pamfili zu finden sei. Euer Hochwohlgeboren können sich keinen Begriff von der ange-

nehmsten Überraschung machen, welche das Vorlesen Ihres so inhaltsreichen Briefes, die Ansicht der zwei Karten, welche man der herrlichen Bergzeichnung wegen allgemein für in Kupfer gestochen hielt, bei dem König erregte.
Die Terrainzeichnung, die relativen Höhen, ihre mannigfaltigen Abstufungen sind bewunderungswürdig, dazu die astronomischen Grundlagen und direkte trigonometrische Aufnahmen von 10 Quadratmeilen in einem für die Geschichte der Menschheit so wichtigen Landstrich! Es ist ein schöner Beweis Ihrer wissenschaftlichen Tätigkeit, eine Lage, in die Ihr Vorgänger in vielen Jahren nichts geleistet hat, so zu benutzen.«

Kein Wunder, daß dieser ebenso begabte wie geschickte Offizier schon früh zum engen Vertrautenkreis der Herrschenden gezählt wurde und daß er, Soldat und Wissenschaftler zugleich, nicht nur »Ritter des Ordens Pour le mérite« war (27. 12. 1839), sondern auch noch »Ritter des Ordens Pour le mérite für Wissenschaft und Künste« wurde (Oktober 1875). »Genie ist Arbeit« hat er nicht nur formuliert, sondern auch vorgelebt.

Arbeit bedeuteten auch die zahlreichen Reiseschilderungen, die den Offizier im eher provinziellen Berlin als international erfahrenen Weltmann erscheinen ließen. Seinen umfangreichen »Spanischen Reisebrief« liest man noch heute mit Interesse:

»Gibraltar. Der erste Schritt an Land führte in eine neue Welt, ein wunderbares Gemisch von spanisch und englisch. Pracht und Üppigkeit eines südlichen Himmels sind hier vereint mit Energie und Betriebsamkeit des Nordens. Da lagen in ungeheurer Fülle die Trauben, Orangen, Datteln und Oliven aus Malaga, Valencia, Granada neben dem Porterbier aus England; Hummer, fliegende Fische und Delphine aus dem Atlantik neben gedörrtem Stockfisch aus dem Eismeer. Über die Bal-

kone und Gärten mit Granaten und Palmen ragten die Galerien, in die Kalkmasse des Felsens gesprengt, mit ihren Feuerschlünden aus den schottischen Gießereien. Unter zahlreichen Dampfbooten erhoben sich drei stolze Linienschiffe mit Britanniens Flagge. Alles, was Menschen bedürfen, muß über See gebracht werden, selbst das Trinkwasser, und das ist der größte Mangel dieser sonst ganz uneinnehmbaren Festung. Die Spanier stehen 2000 Schritt entfernt mit geladenen Gewehren, nicht nur gegen einen Angriff, sondern auch gegen Schmuggel gerüstet, welcher hier offen und in großem Stil betrieben wird.

Sevilla. Zwischen Olivenwaldungen und Orangenhainen erhob sich endlich die prachtvolle Kathedrale, überragt von der Giralda, dem berühmten von den Arabern erbauten Turm. Sevilla ist noch heute, 300 Jahre nach der Vertreibung der Sarazenen eine vollkommen maurische Stadt, verschönert und veredelt durch die Künste und den Reichtum, über welche die Moslems in Spanien geboten. Merkwürdig genug, daß die Araber, welche in ihrer Heimat überall auf der unteren Bildungsstufe eines Wander- und Hirtenvolkes stehengeblieben sind, auf europäischem Boden die Träger der Gesittung und der Wissenschaften wurden. Dichtkunst und Geschichtsschreibung, Mathematik, Astronomie und Baukunst blühten bei ihnen, während das christliche Abendland in finstere Barbarei versunken war. Es gibt keine schönere Poesie als ihre Klagelieder um das verlorene Paradies Granada, und dem christlichen Rittertum setzten sie eine nicht minder romantische Tapferkeit und Großmut entgegen. Betriebsamer und weniger unduldsam als ihre Gegner schufen sie ein Paradies aus dem südlichen Spanien durch umfassende Bewässerungssysteme. Durch den Vertilgungskampf, die Ausrottung und Vertreibung dieser fleißigen Menschen, welcher 700 Jahre dauerte, hat das katholische Spanien sich eine Wunde geschlagen, die es nie verwinden wird. Zwei Drittel dieses schönen Landes sind heute eine fast menschenleere Wüste.

»Wer Sevilla nicht gesehen«

Wunderhübsch und eigentümlich sind die Privatwohnungen. Durch starke mit Eisen beschlagene Torflügel tritt man in einen ziemlich einfachen Vorhof. Die christlichen Besitzer haben in fast jedem dieser Vorhöfe ein Marienbild aufgestellt, vor welchem des Abends zahlreiche Kerzen angezündet werden, die einen freundlichen Anblick gewähren. In der Mitte des Innenhofes plätschert jedesmal ein Springbrunnen, oft in schöne Marmorbecken mit Goldfischen und Forellen, überschattet von einem kleinen Hain von Orangen, Rosen, Granaten und Myrthen. Eine über ein Gitter geflochtene Weinrebe verwandelt diesen Hof in einen selbst im hohen Sommer kühlen und reizenden Salon, in welchem Sofas, Stühle, Gemälde und Spiegel nicht fehlen. Die Spanier sagen: ›Quien no ha visto a Sevilla, no ha visto maravilla – wer Sevilla nicht gesehen, hat kein Wunder gesehen‹.

Also! Reise. Der Wagen, auf den einige der Reisenden acht Tage hatten warten müssen, hatte eine Besetzung von 20 Passagieren und ruhte in Betracht der heillosen Wege auf 24pfündigen Geschützrädern. Zwölf Maultiere waren in einer langen Reihe voreinander gespannt, und an der Spitze ritt der Chico, ein Junge, der beiläufig gesagt 18 Stunden im Sattel blieb. Der Besitzer der Tiere, welche alle drei Meilen gewechselt wurden, lief, obschon bergauf galoppiert, bergab getrabt wurde, nebenher. Diese Menschen sind von Eisen, denn dabei unterhält er sich fortwährend mit seinen Maultieren, jedes bei seinem Namen nennend.

Deutsche. Am Nachmittag erreichten wir La Carolina. Zum allgemeinen Erstaunen sahen wir die wohlerhaltene Landstraße mit Bäumen besetzt, Weingärten und Obstpflanzungen umgaben die in gerader Straße gebauten Häuser, und ein Blumengärtchen umgab jede Wohnung. Es war, als ob man plötzlich in ein anderes Land versetzt wäre, denn die Menschen hatten blondes Haar und das liebe treue viereckige deutsche Gesicht. Es war die Kolonie von Schwaben, welche unter Carl III. in der Sierra Morena angesiedelt worden war. Aber kein

Einziger verstand mehr ein Wort deutsch, denn unsere Landsleute sind überall, wo sie hinkommen, die besten Ansiedler, die ruhigsten Untertanen, die fleißigsten Arbeiter, aber sie hören auf Deutsche zu sein. Sie schämen sich ihres zerrissenen, ohnmächtigen Vaterlandes.

Madrid. Die beiden schönsten Bauwerke sind die Bildergalerie und das königliche Schloß. Letzteres ist gewiß eines der schönsten der Welt. Es liegt auf einer Anhöhe am Manzanares und übersieht das ganze Land.

Spanier. Im Vergleich mit den Italienern sind mir die Spanier unendlich liebenswürdig erschienen. Nicht ein einziges Mal bin ich angebettelt worden, dazu ist selbst der Ärmste zu stolz. Schweigend und ernst steht er, den zerlumpten Mantel malerisch über die Schulter geworfen. So hat er auch verschmäht, das miserable französische Kleid anzuziehen, und statt des trostlosen Fracks sieht man überall die schöne, nationale Tracht. Auch der geringste Spanier erwartet mit einer gewissen Rücksicht behandelt zu werden; aber mit einer freundlich angebotenen Zigarre öffnet man sich alle Herzen. Selbst die angerauchte Zigarre wird, nachdem die Spitze angebrochen, dankbar angenommen. Als Alemanne ist man besser empfangen als jede andere Nation. England und Frankreich haben dem Lande zu weh getan, und mit Stolz erinnert der Spanier sich der deutschen Kaiser, welche glorreich Spaniens Zepter führten.«

Auch diese Reise hatte Moltke nicht als Tourist angetreten. In Rom hatte er als Adjutant des Prinzen Heinrich von Preußen dessen Tod miterlebt und den Befehl erhalten, den Leichnam mit einem Schiff nach Cuxhaven zu überführen. Aber da Moltke – wie immer in seinem Leben – sofort seekrank wurde, verließ er das Boot in Gibraltar, reiste durch Spanien und Frankreich nach Preußen und kam noch kurz vor dem Schiff in Cuxhaven an. Es dürfte das einzige Mal gewesen sein, daß Moltke einen Befehl nicht korrekt ausgeführt hat. Die Seekrankheit hatte sogar diesen Preußen in die Knie gezwungen.

Gegen Frankreich

Der Krieg gegen Frankreich, aus dem 1871 das Deutsche Reich hervorging, war lange geplant – auch von Moltke. Als 1859 Österreich gegen Frankreich marschierte, schien der Augenblick günstig, Preußen als führende Macht in Europa zu etablieren, Frankreich zu schlagen und die deutschen Staaten zu einem Reich zusammenzuführen. Moltke wies in Denkschriften auf die große Chance hin, seine Truppen standen marschbereit, aber Österreich schien die aufstrebenden Preußen mehr zu fürchten als den französischen Kaiser – man einigte sich; und Moltke tobte:

»*Der Friede ist geschlossen zwischen den beiden katholischen Kaisern. Österreich gibt lieber die Lombardei dran, als daß es Preußen an der Spitze von Deutschland sehen will. Deutschland hat der Welt das jammervolle Schauspiel gegeben, daß die Sonderinteressen selbst das kräftig erwachte Nationalgefühl überwiegen.*«

Es ist für das Verständnis der folgenden Jahre nicht unwichtig, daß Moltke hier, wenn er von »Deutschland« spricht, immer die deutschen Staaten mit Österreich meint. Die später von vielen Konservativen abgelehnte »kleindeutsche Lösung« Bismarcks, die das wilhelminische Deutsche Reich umfaßte – ohne Österreich! –, war für Moltke, einem erklärten Freund Österreichs, 1859 noch gar nicht denkbar. Aber da Österreich sich weigerte, Preußens führende Stellung zu akzeptieren, mußte erst Wien, 1866, in die Knie gezwungen werden, ehe der Krieg mit Frankreich begonnen werden konnte. Nach Moltkes politischen und militärischen Plänen wäre jedoch schon 1859 der entscheidende Schlag zu führen gewesen – und wahrscheinlich wären viele Menschenleben geschont worden.

»Ein großer Moment für Preußen ist versäumt. Wir konnten noch vor vier Wochen an die Spitze von Deutschland treten. Eine Gefahr war damit verbunden, aber ohne Gefahr gibt es keine weltgeschichtlichen Umformungen. Ein kühner Entschluß wird nur noch von einem einzigen Mann gefaßt. Es gehört eben ein Friedrich der Große dazu, um sich nirgends Rat zu holen und alles aus sich selbst zu wollen.«

Selten hat sich der Chef des Generalstabs mit seiner kritischen Meinung so wenig zurückgehalten; sogar am König, Friedrich Wilhelm IV., übt er Kritik, indem er den großen Friedrich lobt, für Moltke höchst ungewöhnlich.

Vor solchem Hintergrund einer »verpaßten Chance« wird Moltkes Rolle am 13. Juli 1870 verständlich, als er gemeinsam mit Bismarck und dem Kriegsminister Roon die »Emser Depesche« seines Königs im Wortlaut so weit verfälschte, daß nach ihrer Veröffentlichung Frankreich den Krieg erklärte. Moltke wollte den Krieg, wollte nicht noch einmal »den großen Moment für Preußen« versäumen, wie elf Jahre zuvor. Er scheint die Bedeutung dieses historischen Komplotts auch sofort richtig eingeschätzt zu haben, denn nachdem Bismarck den veränderten Text den beiden Mitverschwörern noch einmal vorgelesen hatte, stieß Moltke – wie berichtet wird: »freudig erregt« – hervor:

»So hat das einen anderen Klang, vorher klang es wie Chamade (fr. Rückzug – W. H.), jetzt wie eine Fanfare in Antwort auf eine Herausforderung. Wenn ich das noch erlebe, in solchem Kriege unsere Heere zu führen, so mag gleich nachher die alte Carcasse der Teufel holen.« (Als »alte Carcasse« bezeichnete Moltke gern seinen schlanken, zähen Greisenkörper.)

Der fast 70jährige hatte den Krieg bekommen, den er für Preußen für unverzichtbar hielt.

Aus französischer Sicht

Zwei Jahre vor dem Feldzug gegen Frankreich berichtet der französische Militärbevollmächtigte am preußischen Hof, Baron Stoffel, an Kaiser Napoleon III.:
»Es ist nahezu überflüssig, über den moralischen Wert zu sprechen, welchen die preußische Armee durch die Vertretung aller Stände und Klassen in ihren Reihen erhält. Sieht man hier die durch Geburt oder Geld Bevorzugten in bedauernswertem Müßiggang leben wie anderswo? Weit davon! Die Mitglieder der reichsten Familien, alle berühmten Namen dienen als Offiziere, ertragen die Anstrengungen und Entbehrungen des Militärlebens und lehren so durch ihr Beispiel. Von allen Elementen der Überlegenheit aber, aus denen Preußen in einem bevorstehenden Kriege Vorteile ziehen würde, wäre unbedingt das größte die Zusammensetzung seines Generalstabs-Offizierskorps. Man muß es laut bekennen, daß der preußische Generalstab der erste in Europa ist; der unsrige würde sich nicht mit ihm messen können. Ohne von General von Moltke auch nur zu sprechen: Ich kenne nicht einen einzigen Offizier, den nicht jeder General im Krieg gern verwendet haben würde.«

Die blutigen Schlachten, erst gegen das französische Kaiserreich, dann gegen die Republik, erreichten zum ersten Male Ausmaße moderner Kriegführung. Allein bei der Kapitulation der Festung Metz am 27. Oktober 1870 fielen 167000 französische Soldaten, 6000 Offiziere, 3 Marschälle und 1500 Kanonen in preußische Hände – das hatte es noch nicht gegeben. Dem Verteidiger Marschall Bazaine brachte das die Todesstrafe ein, sie wurde nicht vollstreckt, dem siegreichen Feldherrn von Moltke einen Tag später die Erhebung in den Grafenstand.

Den Französischen Krieg hat Moltke nach dem Feldzug in allen Phasen mit der gewohnten Exaktheit beschrieben und analysiert. Leider fehlen aus dieser Zeit die lebendigen Schilderungen, die sonst in Briefen an seine Frau Moltkes Gedanken und Empfindungen dokumentieren; Marie Burt, 1868 gestorben, hat den triumphalen Ruhm ihres Mannes nicht mehr erlebt. Aber über die Persönlichkeit Moltkes am Verhandlungstisch gibt eine französische Quelle interessante Auskunft:

Wie Moltke verhandelte

An der Kapitulationsverhandlung nach der Schlacht bei Sedan in der Nacht vom 1. zum 2. September 1870 in Donchery nahm als Begleiter des französischen Armeechefs General von Wimpffen auch Rittmeister d'Orcet vom IV. Kürassierregiment teil. Er erinnert sich an das Gespräch mit Bismarck und Moltke:

»Ein momentanes Schweigen trat ein. Man fühlte, daß General von Wimpffen in Verlegenheit war, wie er das Gespräch einleiten solle; aber General von Moltke blieb unbeweglich und war entschlossen, seinem Gegner das erste Wort zu überlassen. Es würde mir lieb sein, begann von Wimpffen endlich, die Bedingungen kennenzulernen, die Seine Majestät von Preußen gewillt ist, uns zu bewilligen.
Sie sind einfach genug, erwiderte General von Moltke. Die Armee ist kriegsgefangen mit Waffen und Gepäck; man wird den Offizieren in Anerkennung ihrer tapferen Haltung den Degen lassen, aber sie sind kriegsgefangen wie die Truppen.
General von Wimpffen versuchte näher auf diese Dinge einzugehen, als er jedoch wahrnahm, daß auch ein Appell an die menschliche Teilnahme des Gegners wirkungslos blieb, nahm er einen lebhafteren Ton an und erklärte: Im übrigen Gene-

ral, wenn keine anderen Zugeständnisse gemacht werden können, so sehe ich mich außerstande, Ihre Bedingungen anzunehmen. Ich werde an meine Armee und das Glück der Schlachten appellieren und entweder mich durchschlagen oder in Sedan mich zu verteidigen wissen.

Hier unterbrach ihn General von Moltke: Ich bin von großer und besonderer Hochachtung vor Ihrer Person, ich würdige die Schwierigkeiten Ihrer Lage, und ich bedauerte, Ihren Forderungen nicht nachkommen zu können; was aber einen erneuten Durchbruchsversuch oder Ihren Entschluß angeht, sich in Sedan zu verteidigen, so muß ich Ihnen bemerken, daß das eine so unmöglich ist wie das andere. Gewiß, Sie haben noch immer über Bruchteile einer ausgezeichneten Armee zur Verfügung. Ihre Elitetruppen sind ersten Ranges, aber ein großer Teil Ihrer Infanterie ist demoralisiert, denn wir haben heute, im Laufe des Tages, über 20 000 unverwundete Gefangene gemacht. Sie haben noch 80 000 Mann; wir stehen Ihnen mit 240 000 Mann und 500 Geschützen gegenüber; bestimmen Sie einen Ihrer Offiziere, der sich von der Genauigkeit meiner Angaben überzeugen mag. Sie können nicht durch und können sich ebensowenig in Sedan halten, denn Sie haben keine Munition mehr und nur Lebensmittel auf 48 Stunden.

An dieser Stelle nahm General von Castelnau das Wort: Ich halte den Augenblick für gekommen, mich meines Auftrages zu entledigen. Der Kaiser hat mich beauftragt, Seiner Majestät dem König Wilhelm zu bemerken, daß er ihm seinen Degen ohne Bedingung geschickt und sich persönlich ihm ergeben habe, aber nur in der Hoffnung, daß dies den König bewegen werde, der französischen Armee eine ehrenhafte Kapitulation zu bewilligen.

Ist das alles? fragte Herr von Bismarck.

Ja.

Aber welcher Degen ist es, den der Kaiser überreicht hat? Ist es der Degen Frankreichs oder sein Degen?

Es ist der Degen des Kaisers.

In diesem Falle, bemerkte rasch und fast mit Freudigkeit General von Moltke, ändert es nichts an den Bedingungen. Der Kaiser wird für seine Person alles erhalten, was ihm belieben wird, zu verlangen.

Auf diese Worte wiederholte von Wimpffen nur: So werden wir denn die Schlacht wieder aufnehmen.

General von Moltke bemerkte: Um 4 Uhr früh läuft der Waffenstillstand ab. Ich werde um diese Stunde das Feuer auf die Stadt eröffnen lassen.

Alles schien gescheitert; die Pferde wurden befohlen. Es war ein eisiges Schweigen.

In diesem Augenblick nahm Graf Bismarck noch einmal das Wort: Ja, General, Sie verfügen über tapfere Soldaten. Morgen abend werden Sie nicht weiter sein als heute, und nur das Bewußtsein wird Sie begleiten, das Blut Ihrer und unserer Soldaten nutzlos vergossen zu haben.

Man setzte sich wieder. General von Moltke nahm das Wort: Ich bestätige aufs neue, daß ein Durchbrechungsversuch nie und nimmer gelingen kann; aber abgesehen von unserer großen Überlegenheit an Truppen und Artillerie verfügen wir auch über Positionen, von denen aus wir imstande sind, Sedan in zwei Stunden in Brand zu schießen.

Oh, diese Positionen sind nicht so stark, wie Sie schildern, unterbrach von Wimpffen.

Sie kennen nicht die Topographie von Sedan, fuhr General von Moltke fort, und hier ist so recht ein Fall gegeben, um die Einbildung ihrer Nation an einem Musterbeispiel zu zeigen. Zu Beginn des Feldzuges sind an alle Offiziere der französischen Armee Karten von Deutschland verteilt worden, und so haben Sie sich selber des Mittels beraubt, sich in entscheidenden Momenten im eigenen Lande zurechtfinden zu können.

General von Wimpffen fand keine Antwort. Nach einer Pause bemerkte er: Ich würde gern von dem Anerbieten Nutzen ziehen, das sie mir, General, bei Beginn unserer Un-

terredung gemacht haben; gestatten Sie mir, einen meiner Offiziere absenden zu dürfen zur Kenntnisnahme Ihrer Position. Nach seiner Rückkehr will ich meine Entscheidung treffen.

Schicken Sie niemanden, es ist nutzlos, erwiderte General von Moltke trocken. Überdies bleibt nicht viel Zeit mehr zu Überlegungen. Es ist Mitternacht; um 4 Uhr früh läuft der Waffenstillstand ab, und ich kann Ihnen keine längere Frist bewilligen.

Unter allen Umständen kann ich eine so wichtige Entscheidung nicht allein treffen, replizierte von Wimpffen; ich muß meine Generale zu Rat ziehen. Wo soll ich sie zu dieser Stunde in Sedan finden; eine Antwort bis um vier Uhr zu geben ist unmöglich. Eine kurze Verlängerung des Waffenstillstands scheint mir unerläßlich zu sein.

Als General von Moltke dies verweigerte, neigte sich Graf Bismarck etwas nach rechts und flüsterte ihm einige Worte zu. General von Moltke wandte sich nach diesem kurzen Zwiegespräch an von Wimpffen, um ihm mitzuteilen, daß der Waffenstillstand bis 9 Uhr verlängert werden solle.

Im Prinzip, diesen Eindruck gewann ich, war, als die Unterredung schloß, die Kapitulation seitens des Generals von Wimpffen angenommen. Daß er den sofortigen Abschluß vermied, geschah einerseits, um den Schein zu retten, anderseits, um die Verantwortlichkeit dadurch zu verringern, daß er die übrigen Generale zu Mitträgern dieser erdrückenden Last machte.«

In dieser aufschlußreichen Schilderung der Kapitulationsverhandlungen vor Sedan fällt nicht nur Moltkes unerbittliche und unnachgiebige Haltung auf, sondern es wird auch deutlich, wie genau der preußische Feldherr über die Situation des Gegners informiert war. Solche Kenntnisse hatte er auch in Friedensjahren intensiv sammeln lassen, und man darf annehmen, daß die Feindaufklärung des preußischen

Generalstabs sehr genau informiert war über den desolaten Zustand der französischen Armee, auch ihres Offizierskorps. Nach dem Sieg über Frankreich und der Einnahme von Paris fielen den Deutschen Depeschen und Dokumente in die Hände, aus denen die Hilflosigkeit französischer Generale nach der deutschen Mobilmachung in der Nacht vom 15. zum 16. Juli 1870 hervorgeht; Moltkes Einschätzung der französischen Armee, deren Tapferkeit und Mut er später immer wieder rühmte, bestätigten sich. Theodor Fontane, der – was in Vergessenheit geriet – ein ebenso hervorragender Kriegsberichterstatter wie Militärhistoriker, sowohl 1866 als auch 1870, war, hat die Situation der französischen Heeresleitung in den ersten Kriegstagen genüßlich zusammengestellt:

Wo sind meine Regimenter?

Über das, was fehlte, geben Papiere, meist telegraphische Depeschen, die in Paris eintrafen und später in den Tuilerien aufgefunden wurden, den besten Aufschluß.

Bitsch 18. Juli

– Bin in Bitsch, mit 17 Bataillons Infanterie. Schicken Sie uns Geld um die Truppen zu ernähren. Kein Geld in den öffentlichen Kassen der Umgegend. Kein Geld in den Kassen der Korps.

General de Failly

– Dem größten Teil des Geschwaders fehlen die Seekarten der Nord- und Ostsee. Für das zum Auslaufen bereite Geschwader würden elf Serien nötig sein.

Der kommandierende Vizeadmiral
– Wir haben nicht eine einzige Karte von der Grenze Frankreichs.

Der kommandierende General des 2. Armeekorps
Belfort, 21. Juli

– Bin in Belfort angekommen. Meine Brigade nicht gefunden. Divisionsgeneral nicht gefunden. Was soll ich tun? Weiß nicht, wo meine Regimenter sind.
General Michel an das Kriegsministerium

– Es fehlt mir an Zwieback, um vorwärts zu marschieren. Dirigieren Sie ohne Verzug auf Straßburg alles, was Sie davon haben.
Chef des Generalstabs an den Kriegsminister
Metz, 24. Juli

– Das 3. Korps verläßt morgen Metz. Ich habe keine Lazarettgehilfen, Verwaltungsarbeiter, Lazarettwagen, Feldbacköfen, keinen Train und bei der 4. Division habe ich nicht einmal einen Beamten.
Intendant des 3. Korps an Kriegsminister
St. Cloud, 26. Juli

– Ich sehe, daß Zwieback und Brot in der Armee fehlen. Könnte man nicht das Brot in Paris in der Kriegsbäckerei backen und nach Metz schicken?
Kaiser Napoleon III. an den Kriegsminister

Es ist nicht verwunderlich, daß solche Berichte über das Chaos im Hauptquartier des Gegners nach dem Sieg in Deutschland voller Schadenfreude gelesen wurden. Moltke selbst hat den französischen Offizieren den Respekt nie versagt, er hat auch die eigenen Generale stets vor leichtfertiger Kritik in Schutz genommen; sogar im voraus, wie einem Bericht des Grafen Wartensleben zu entnehmen ist:
»Als General von Moltke Meldung erhielt, General v. Manteuffel sei auf dem Vormarsch zwischen Besançon und Dôle,

äußerte er gegenüber Kaiser Wilhelm, diese Operation sei äußerst kühn und gewagt, aber sie könne zu den größten Ergebnissen führen. Falls General v. Manteuffel einen Echec (fr. Schaden, Niederlage – W. H.) erleide, dürfe man ihn nicht tadeln, denn um große Erfolge zu erreichen, müsse etwas gewagt werden.«

Einsicht

Auch nach seinem größten Triumph blieb Moltke selbstkritisch und analysierte nüchtern einige Fehleinschätzungen. 1874 schrieb er:

»Durch die Verbesserung der Feuerwaffen hat die taktische Defensive einen großen Vorteil vor der taktischen Offensive gewonnen. Wir sind zwar im Feldzug 1870 immer offensiv gewesen und haben die stärksten Stellungen des Feindes angegriffen und genommen, aber mit welchen Opfern? Wenn man erst, nachdem man mehrere Angriffe des Gegners abgeschlagen hat, zur Offensive übergeht, erscheint mir dies günstiger.«

Solch noble Haltung in der Schlacht war durchaus nicht üblich – und in den späteren Weltkriegen, wie man weiß, schon gar nicht.

Nach dem Sieg kehrte Moltke an den Schreibtisch zurück. In seinem politischen Engagement als Reichtagsabgeordneter wurde er nicht müde, für ein militärisch starkes Deutschland einzutreten:

»Es ist das erste Bedürfnis eines Staates, zu existieren, sein Dasein nach außen gesichert zu sehen. Im Inneren schützt das Gesetz Recht und Freiheit des Einzelnen; nach außen von Staat zu Staat nur die Macht. Einem Tribunal des Völkerrechts, wenn ein solches existierte, würde die vollstreckende Gewalt

fehlen, und seine Ansprüche unterliegen schließlich der Entscheidung auf dem Schlachtfelde. Kleine Staaten können sich auf Neutralität verlassen. Ein großer Staat besteht nur aus sich selbst und aus eigener Kraft. Er erfüllt den Zweck seines Daseins nur, wenn er entschlossen und gerüstet ist, sein Dasein, seine Freiheit und sein Recht zu behaupten, und ein Land wehrlos zu lassen, wäre das größte Verbrechen einer Regierung.«

Mit 80 Jahren erbat Moltke seinen Abschied. Er wurde am 7. 12. 1880 abgelehnt; man konnte, wollte auf den greisen Generalfeldmarschall noch immer nicht verzichten. Erst im August 1888 wurde der 87jährige aus dem aktiven militärischen Dienst entlassen. Seit seiner Kadettenzeit war er 77 Jahre lang Soldat gewesen.

Der Gutsherr

Moltkes sehnlichster Wunsch, ein Gut zu besitzen und als Landwirt auf eigenem Grund und Boden wirken zu können, erfüllte sich erst, als König Wilhelm I. nach dem Sieg über Österreich ihm mit einem erheblichen Geldgeschenk dankte, das als Anzahlung für den Erwerb des Gutes Kreisau in Niederschlesien ausreichte. Seine Vorliebe für das Landleben wurzelte in seiner Liebe zur Natur und in seinem immer gleichen einfachen Lebensstil, dem neureiches Zurschaustellen von Besitz und Wohlstand zutiefst zuwider war. Aber zu Moltkes Vorstellung vom Wesen eines echten Edelmannes gehörte immer Landbesitz als gesunde Basis für Familie und Staatsdienst. In der von ihm verfaßten »Kurzen Familiengeschichte« heißt es am Schluß:

»Ohne Zweifel entscheidet Landeigentum über die Hingehörigkeit einer Familie. In diesem Sinne ist gerade der älteste

Stamm seit nun fast 100 Jahren heimatlos. Möge derselbe durch befestigten Grundbesitz irgendwo auf der väterlichen deutschen Erde wieder Wurzeln fassen.«

Moltke hatte während der politisch erregten und seinem konservativen Naturell widersprechenden Revolutionsjahre um 1848 mehrfach überlegt, sich als Landwirt in Übersee – er dachte wohl an Australien – niederzulassen und dort alle Moltkes um sich zu sammeln: auf endlich wieder eigenem Grund und Boden. Der Erwerb von Kreisau bedeutete ihm deshalb mehr als nur einen angemessenen Rahmen für den Ruhestand, an den er zwar dachte, den er aber bis zum Tod mit 91 Jahren nie verwirklichte. Oberstleutnant von Leszezywski erinnert sich an Kreisau:

»Einfach in allen seinen Gewohnheiten liebte er das Einfache und Natürliche. In seinem arbeitsvollen Leben war kein Raum gewesen für weichliche Genüsse, und wie sein Inneres war, so gestaltete sich auch seine äußere Umgebung. Nicht ohne Rührung kann man das einfache Arbeitszimmer in Kreisau betreten, in dem er sich zufrieden und behaglich fühlte oder den Raum betrachten, in dem er zu schlafen pflegte. Ein kleiner Raum ist's, ein viereckiger turmartiger Ausbau, der an das Arbeitszimmer stößt. Darin ein einfaches Bett und ein Waschtisch, weiter nichts. Zwei Fenster gewähren Ausblick über Wiese und Feld bis zu dem Dörfchen Gräditz, hinter dem der Zobten aufragt, und auf ein kleines Stückchen der das Haus umgebenden Gartenlage. Dicht vor dem Fenster steht eine Gruppe mächtiger Ulmen. Von seinem Bett aus sieht der Feldmarschall die Kronen der alten Bäume sich im Morgenwinde wiegen, und in den höchsten Wipfeln sitzen sie, seine Freunde, die Stare, und pfeifen ihr Frühlingslied. Sie sind es, die den Schläfer geweckt haben, die er liebte um ihrer Frühlingsbotschaft und ihrer Emsigkeit willen.«

Moltke war 67 Jahre alt, als er Kreisau erwarb (und der Krieg gegen Frankreich lag noch vor ihm!), aber trotz seiner nach wie vor umfangreichen Arbeit als Chef des Generalstabs begann er sofort mit dem Ausbau und der Modernisierung seines Gutes, legte einen Park an, pflanzte vor allem viele Bäume und freute sich, daß er, weil er noch 24 Jahre lebte, ihr Wachstum beobachten und genießen konnte. Das ist wohl auch der Hintergrund für die oft erzählte und für Moltke ebenso wie für Bismarck typische Geschichte:

»*Bismarck und Moltke stehen zusammen während der Kaiserproklamation am 18. Januar 1871 im Spiegelsaal des Schlosses von Versailles. Moltke hatte den Krieg gewonnen; Bismarck auf dieser Basis das Deutsche Reich gegründet. Da beugt sich Bismarck zu Moltke und flüstert ihm zu:* »*Können Sie sich etwas Erhabeneres, etwas Schöneres denken, Exzellenz?*« *Und Moltke erwidert trocken:* »*Ja, Exzellenz, zusehen wie ein Baum wächst.*«

Aber der neue Herr von Kreisau sah nicht nur seinen Bäumen zu, sondern gestaltete sein Gut mit derselben Begeisterung für Details, mit der er den preußischen Generalstab modelliert hatte, und wieder wurde alles, womit er sich befaßte, zum genau durchdachten und bis in Kleinigkeiten überlegten »Plan«. Um den Ertrag des Guts zu steigern, beschloß er, einen Forellenteich anzulegen; seine Planung dafür liest sich kaum anders als seine Analyse der Schlacht von Solferino:

»*Herr von Behr auf Schmoldow hat einen kalifornischen Brutkasten nach Kreisau abgeschickt, und der Oberförster Beckel wird für denselben 2000 Forelleneier übersenden. Ich habe letzteren ersucht, diese Sendung noch einige Tage zu verzögern, damit die nötigen Vorbereitungen getroffen werden können, und daß er Sie von dem Tag des Eintreffens benachrichtigt,*

damit die Eier gleich von der Post abgeholt und so bald wie möglich in den Brutkasten gelegt werden können. Aus dem anliegenden Schreiben werden Sie das Nötige über die Behandlung der Eier sehen. Das Wichtigste ist nun, eine Vorkehrung zu treffen, damit während mehrere Monate ununterbrochen Wasser durch den Brutkasten fließt. Nach Angaben von Borne bedarf es für 40 Sekunden 1 Liter, also für 2 Minuten 3 Liter und für 24 Stunden 2000 Liter = 2 Kubikmeter Wasser; also soviel wie zwei Kasten ausfüllen würden, die einen Meter lang breit und hoch sind. Meine Idee war, einen solchen Kasten oder etwas größer in der Nähe der Hofpumpe innerhalb des Drahtzauns aufzustellen und zweimal des Tages voll pumpen zu lassen. Der Brutkasten könnte im Wagenschuppen oder aber auch in oder neben der Veranda stehen, und es müßte eine dünne Röhre aus dem nächsten Kübel so herab geleitet werden, daß das Wasser in den Kasten A fiele. Wie eng die untere Ausmündung zu machen ist, müßte ausprobiert werden. Der Strom darf nicht so stark sein, daß die Eier herum Strudeln, sondern daß das Wasser sie sanft durchfließt, von unten nach oben. Vielleicht würde es auch genügen, wenn am Boden eine kleine Blechrinne angebracht würde, aus welcher das Wasser in einen über den Brutkasten angebrachten Trichter fiele, der mit Kieseln zu füllen wäre, um es zu reinigen. Das Wasser würde sich im Herabfallen mit der Luft vereinigen, was wünschenswert. Die Brutzeit bis die kleinen Fische auskommen und bis sie die Dotterblase verlieren, dauert drei Monate, und es fragt sich, ob bis in den Juni die Kübel ununterbrochen Wasser haben werden. Sodann wird die Temperatur nicht gleichmäßig sein, während das Brunnenwasser ziemlich konstant bleibt, auch weniger als 7 Grad hat (wie ich angegeben).

Gr. Moltke

Auf der Insel in der Peile am linken Ufer eine neue Buhne bauen, um den Strom nach dem rechten hinüber zu leiten.

Vor dem Eintritt in den Busch unter den Kapellenberg den Kastanienbaum freilegen.
Am Eingang Eichen herausnehmen und nach dem Langen Busch verpflanzen.«

Man darf wohl vermuten, daß Moltkes Angestellte in Kreisau von ihrem Gutsherren ähnlich gefordert wurden wie die Generalstäbler in Berlin. Aber in Niederschlesien war man an preußische Genauigkeit, die nichts dem Zufall überläßt, gewöhnt, und es erscheint beinahe tragikomisch, daß ausgerechnet Moltkes Forellenplan schließlich nicht aufging.

Der Pädagoge

Jeden Morgen machte Moltke in Kreisau einen ausführlichen Spaziergang, kehrte in einem Dorfgasthaus ein, bestellte ein Glas Milch, das ihm von einem kleinen blonden Mädchen hingestellt wurde und legte ein 5-Pfennig-Stück auf die Theke. Die Milch kostete 4 Pfennige. Das Kind gab einen Pfennig heraus, Moltke schob dem Mädchen den Pfennig wieder zu und ging. Das Mädchen dankte und knixte, an jedem Tag vollzogen beide pedantisch genau den gleichen Vorgang.

Eines Tages probte das Kind den Aufstand: Moltke schob ihm wie immer das 5-Pfennig-Stück hin, das Mädchen steckte das Geld ein, knixte und dankte. Moltke schwieg und ging.

Am nächsten Tag legte Moltke drei Pfennig auf die Theke und schickte sich an, zu gehen. »Die Milch kostet vier Pfennige«, sagte die Kleine. »Den fehlenden Pfennig hast Du gestern schon genommen«, sagte Moltke und ging.

Von da an lief das Bezahlen wieder ab wie früher, und das Mädchen bekam wieder den Pfennig geschenkt. Moltke hatte gewonnen.

Zwar schlüpften die Tiere streng nach Reglement, aber der Teich, der sie aufnahm, wurde durch – ausnahmsweise nicht vorausberechnete – ungewöhnlich starke Regenfälle überflutet und die Forellen auf die umliegenden Wiesen gespült. Moltkes erste Niederlage ...

Rindvieh gibt Dünger

Geheimrat von Gellhorn, Besitzer des Nachbargutes Jakobsdorf, hatte es übernommen, in Kreisau nach dem Rechten zu sehen, wenn der Feldherr anderen Pflichten nachzukommen hatte. Auch mitten im Kriegsgeschehen kreisten Moltkes Gedanken immer wieder um sein Gut. Am 2. November 1870, Sedan war schon gefallen, schrieb er aus Versailles:

»Vielen Dank verehrter Herr Geheimrat, für die freundlichen Nachrichten aus der friedlichen Heimat, die wie ein Sonnenblick in das bewegte Treiben fallen, welches uns hier umgibt. Es sind jetzt sämtliche Regimenter der französischen Armee bis auf sechs in unserer Gefangenschaft, mehr als 300000 Mann, 10000 Offiziere, 4 Marschälle, 1 Kaiser. Seit der babylonischen Gefangenschaft der Juden ist so etwas nicht dagewesen.

Sehr erfreulich ist, daß die Ernte und die neue Bestellung der Felder trotz der ungewöhnlich ungünstigen Witterung glücklich hat beendet werden können, ungeachtet es gewiß sehr an Arbeitskräften gefehlt haben muß. Wenn zwar die Kreisauer Wolle noch immer gut bezahlt worden ist und eine angenehme Einnahme bildet, so wird durch Verminderung der Zahl der Schafe und Vermehrung des Rindviehs wohl ein ausgiebiger Düngerbestand erzielt, woran es ja bisher fehlte und wofür eine erhebliche Barsumme verausgabt werden mußte. Dem Gartenburschen Wilhelm will ich gern eine Extravergütung gewähren. Ernst, der Kutscher, erhält hier 12 Taler monat-

lichen Lohn, das Gehalt der Trainsoldaten, Bekleidung und Verpflegung. Er ist also sehr gut gestellt, bewährt sich aber auch sehr tüchtig und zuverlässig. Alle sechs Pferde sind in gutem Stande.«

So erfahren wir nebenbei, daß der Sieger von Sedan mit eigenem Kutscher und eigenen Pferden ins Feld gezogen war. Aber nicht nur Wollpreise und Rinderdünger beschäftigten den alten Herren; auch für die Menschen in Kreisau, die – wie das in Schlesien ganz selbstverständlich war – »zum Gut gehörten«, fühlte er sich voll verantwortlich, weit mehr als viele andere Gutsherren dieser Zeit. Noch einmal Oberstleutnant von Leszezywski:

»Als Beispiel seiner Hilfsbereitschaft für die Gemeinde sei hier angeführt, daß er, bald nachdem er den Kreisauer Besitz angetreten, einen an der Dorfstraße gelegenen Bauernhof kaufte, das Haus abreißen und an seiner Stelle ein Schulhaus bauen ließ. Er hatte bemerkt, daß die Kinder jeden Morgen den fast dreiviertel Stunden betragenden Weg in die Gräditzer Schule machen mußten, und er baute das Schulhaus, gab das Land des gekauften Hauses dem Lehrer als Gartenland und setzte ein Kapital fest, aus dessen Zinsen der Lehrer seine Besoldung bezieht. Er schuf auch durch die Einrichtung einer Sparkasse für die Schulkinder ein Werk, in dem der Grundsatz zum Ausdruck kam: ›Hilf Dir selbst, so wird Dir auch von anderen geholfen werden‹. Er schaffte für jedes Kind, das in die Schule eintrat, ein Sparkassenbuch an, auf das er eine Mark einzahlte. Dann erhielt das Kind das Buch, um selber zehn- oder fünfpfennigweise weitere Ersparnisse eintragen zu lassen. Jedesmal, wenn es eine Mark erspart hatte, zahlte der General ihm eine weitere Mark ein. Mit dieser Einrichtung hoffte der General, den Sinn für das Sparen in den Kindern frühzeitig zu erwecken.

Gleichzeitig suchte er eine Schulbibliothek zu begründen und vermehrte sie unablässig durch Überweisung aller Bücher, die ihm für Sinn und Bildungsstufe der ländlichen Arbeiter geeignet schienen. Er stellte die Benutzung frei, da-mit die Kinder während der langen Winterabende ihren Eltern daraus vorlesen könnten. Es war eine der stillen Freuden des Generals, wenn der Lehrer ihm berichten konnte, daß die Benutzung der Bibliothek von Jahr zu Jahr zunehme, und daß ihre Bücher von Haus zu Haus gingen. Später baute er noch eine Kleinkinderschule mit einer Wohnung für eine Diakonissin und erreichte dadurch, daß die zur Arbeit gehenden Leute ihre kleinen Kinder in die Spielschule schicken, in der sie sich beschäftigen und sich waschen lernen, anstatt die Kleinen, wie früher üblich, im Zimmer einzuschließen.

Auch zum Bau eines neuen Kirchturms steuerte er namhafte Summen bei und verschaffte der Gemeinde das Material zum Glockenguß, das ihr, auf seine Verwendung, von der Gnade des Königs aus eroberten französischen Geschützen gewährt wurde.«

Aus dieser gewiß authentischen Schilderung wird einmal mehr die vielschichtige Persönlichkeit Moltkes deutlich: Einerseits der Patriarch, der sich fürsorglich um »seine Leute« kümmert und Vorbildliches für die zum Gut gehörende Gemeinde leistet, auf der anderen Seite der unerbittliche Sieger gnadenloser Schlachten, der – natürlich nicht zuletzt für sich selbst – eine Glocke, gegossen aus eroberten französischen Kanonen, läuten läßt. Eine wohl einmalige Idee, den großen Sieg immer neu auszukosten.

Parole: »Parchim 1800«

Der 90. Geburtstag des bedeutendsten deutschen Feldherren seit Friedrich dem Großen wurde zu einer überwälti-

genden Feier in ganz Deutschland, insbesondere aber in Berlin, wo der junge Kaiser Wilhelm II. keinen Aufwand scheute, um Moltke zu ehren. Er verzichtete an diesem Tag auf sein Vorrecht, die Fahnen und Standarten seiner Garderegimenter stets um sich zu haben, und befahl die Fahnenträger in Moltkes Arbeitszimmer. Für die Armee wurde die Tageslosung »Parchim 1800« ausgegeben, die Moltkes Geburtsjahr und Geburtsort vereinte, und in allen deutschen Garnisonen standen Galadiners auf der Tagesordnung der Offiziers-Kasinos, bei denen viel Wein und Sekt auf das Wohl des greisen Feldmarschalls getrunken wurden. Ein nie zuvor erlebter glanzvoller Umzug in Berlin vor dem nach wie vor höchst vitalen Jubilar bildete den Höhepunkt des Tages. Man wird dabei nicht übersehen können, wie sich – seit der Reichsgründung von 1871 – das stets bescheidene, immer eher zurückhaltende Preußen zu einer üppigen deutschen nationalistisch geprägten Gesellschaft verändert hatte. Nationaler Kitsch war gefragt und ließ ahnen, welche ganz anderen Ideale die alten Werte von Dienst und Gehorsam, Pflicht und Haltung mit steigendem Wohlstand ablösen würden. Solch pomphafte Zurschaustellung an Stelle eines nach innen gerichteten patriotischen Empfindens, aufbauend auf Sparsamkeit und Bescheidenheit, wirkt rückblickend wie ein bedrohlicher Wegweiser hin zum Ersten Weltkrieg deutscher Überheblichkeit. Zu Moltke paßte das alles gar nicht, und der zeitgenössische Beobachter ist froh, berichten zu können: »Er lachte herzlich.«

»Es waren die festlich geschmückten Wagen der Brauereien mit den kräftigen Gestalten der Bierfahrer, umgeben von Landsknechten und Bäuerinnen in malerischen Anzügen, die das Interesse in Anspruch nahmen. Der Verein Vorwärts des fünften Wahlkreises hatte auf einem reich geschmückten Wagen die verschiedenen Lebensstufen des Gefeierten, vom dänischen Kadetten bis zum preußischen

Feldmarschall, dargestellt, und es belustigte den Grafen sichtlich, als er sein ihn begrüßendes Ebenbild gewahr wurde. Auch über die derben Gestalten der Pankgrafschaft von 1381 mit ihrem Riesenschwert lachte er herzlich. Mit dem Gesange der *Wacht am Rhein* waren die Arbeiter von Siemens und Halske und der Pulsschen Fabrik vorübergezogen. Die vor dem Haus Aufstellung nehmende uniformierte Hauskapelle der Bolleschen Meierei begleitete den Zug ihrer Angehörigen sowie der Jünglingsvereine mit den Klängen des *Eine feste Burg* .

Nachdem der Gärtnerverein *Deutsche Eiche* vorübergezogen und das markige *All Heil* der Radfahrer und das *Hip, Hip, Hurrah* der Ruderer verklungen war, beendete die freiwillige Sanitätskolonne Berlins unter dem Gesange: *Gott erhalte unseren Moltke* diesen Teil des Zuges, und ein neues Musikkorps kündete den farbenreichsten, von den Künstlern gebildeten Teil des Gesamtbildes an. Ein Bannerträger im reichen Wappenrock, von zwei Herolden begleitet, ritt dem Siegeswagen vorauf, auf dem die Siegesgöttin mit der goldenen Palme thronte. Germanische Krieger, in Bärenfelle gehüllt, folgten und kündeten das Nahen des prächtigen, von sechs Rappen gezogenen Huldigungswagens. Auf seinem Vorderteil ruhte die mächtige Gestalt der *Kriegswissenschaft* , auf einen Löwen sich stützend. In ihrer Rechten ein Schwert, in ihrer Linken ein Buch haltend. Inmitten des Wagens aber saß die stolze, von Fräulein Wegener dargestellte *Germania* , in goldenem Schuppenpanzer, unter einem Baldachin von Goldbrokat, während zu ihren Füßen die an Moltkes Büste meißelnde *Kunst* , der *Handel* , die *Industrie* und der *Ackerbau* knieten. Krieger aller Jahrhunderte umgaben in malerischem Durcheinander den von Fackeln hellerleuchteten Prachtwagen. Als dieser vor dem Festzelte hielt, trat der Feldmarschall vor dasselbe. Die Germania erhob sich von ihrem Sitze und, an den Rand des Wagens vortretend, sprach sie mit klangvol-

ler, weithin schallender Stimme Ernst von Wildenbruchs schöne Verse:
› *Denker Du in Wort und Rat,*
Lenker der erwogenen Tat,
Du im Frieden und im Feld
Vaterlandes Sohn und Held!
Sieh, es drängt sich Dir zu Füßen
alt und junger Krieger Schar,
denn ganz Deutschland will Dich grüßen,
das da ist und das da war. ‹

Da ist man noch heute dankbar, daß Ernst von Wildenbruch wie manch anderer wilhelminischer Barde von der Literaturgeschichte der Vergessenheit zugeordnet wurde. Aber »Germania«- Fräulein Wegener, die auf diese Weise etwas ungewöhnlich in die Geschichte eingeht, ist noch nicht am Ende:

»*Sich zu dem Gefeierten neigend, überreichte sie ihm einen grünen Lorbeerkranz, den er mit den Worten annahm:* › *Die Germania, die Sie so schön dargestellt haben, kann stolz sein auf ihre Reichshauptstadt, wo ein patriotischer Gedanke hinreicht, alle Bürger der Stadt zu versammeln. Ich nehme die Huldigung an für Germania und für das deutsche Volk!* ‹ *Brausend erscholl hierauf die Wacht am Rhein. Den Schluß bildeten in endlosem Zuge die zahlreichen Innungen mit ihren Fahnen und Abzeichen, in immer neuen Hochrufen vorüberziehend.*«

Auch ohne diese den aufkommenden Zeitgeist entlarvende Schilderung vermag man sich heute kaum noch eine Vorstellung von der überragenden Popularität Moltkes zu machen, dessen spröder Charakter und dessen sprichwörtlich gewordene Schweigsamkeit ihn kaum zum Volkshelden zu prädestinieren schienen.

> **Betr. Traditionspflege**
> Bundesministerium der Verteidigung Bonn
> Betr.: Traditionspflege der Bundeswehr
> Bezüglich der von Ihnen gestellte Fragen kann ich Ihnen mitteilen, daß
> – kein Schiff der deutschen Marine den Namen des Generalfeldmarschall von Moltke trägt,
> – die Moltke-Kaserne der Bundeswehr in Dabel, Mecklenburg-Vorpommern nach ihm benannt ist.
>
> Mit freundlichen Grüßen
> im Auftrag
> gez. Grimm

Aber die Zahl der deutschen Städte, die ihn zum Ehrenbürger ernannten (hier in chronologischer Reihenfolge), spricht eine deutliche Sprache: Kolberg, Parchim, Magdeburg, Worms, Leipzig, Hamburg, Berlin, Görlitz, Schweidnitz, Lübeck, Bremen, Köln, Stargard, München, Breslau, Chemnitz, Memel.

Und weil Moltke sein Leben lang ein gehorsamer Soldat war, der auch in Zeiten überschwenglichen Ruhms nie vergaß, daß sein Leben dem König von Preußen – später dazu dem deutschen Kaiser – gehörte, bat er jedesmal seinen Herrn um Erlaubnis, die Ehrung annehmen zu dürfen. Und die Kaiser gewährten gnädig ...

Ruhm und Askese

Aber aller Ruhm und unzählige Ehrungen vermochten nicht, Moltkes bescheidene, sparsame, gelegentlich bis ins Kuriose gesteigerte asketische Lebensart zu ändern. Zwar hat auch er sehr gezielt und gut berechnet bereits zu Lebzeiten

an seinem künftigen Bild in der Geschichte und seinem Nachruhm gebastelt – Briefe, die er an die Braut und spätere Frau schrieb, erschienen schon lange vor seinem Tod, ebenso seine Reichstagsreden –, und wenn er mit einer Darstellung seiner berühmtesten Schlacht von Königgrätz nicht ganz einverstanden war, stellte er dem damals wichtigsten Historiker, Heinrich von Treitschke, vorsorglich seine Auffassung »zur Benutzung« zur Verfügung:

»*Über den Entschluß zur Schlacht bei Königgrätz haben sich unrichtige Angaben in militärischen Darstellungen und Biographien eingebürgert, die ein Schriftsteller von dem anderen angenommen hat.*«

Auf seinen Feldherrenruhm ließ er nichts kommen. Um so zurückhaltender gestaltete er seinen Alltag, wohl auch, um dem neureichen Luxusstreben und dem beginnenden Konsumbedürfnis der Gründerzeit ein Stück altes Preußen entgegenzustellen:

»*Der Feldmarschall war bis an sein Ende ein Frühaufsteher. Sobald er aus seinem tiefen gesunden Schlaf erwachte, dessen er sich auch im höchsten Alter erfreute, stand er auf und kleidete sich an. Niemals brauchte er dabei die Hilfe eines Dieners, wie er überhaupt eine Scheu davor hatte, die Dienste eines anderen Menschen in Anspruch zu nehmen. Auf seine Toilette verwendete er wenig Sorgfalt. Er besaß nie mehr als zwei Anzüge und trug sie bis zur äußersten Grenze des Möglichen. Noch im Jahre 1891 rühmte er sich, einen Sommerpaletot zu besitzen, den er sich habe machen lassen, als er im Jahre 1857 mit dem damaligen Kronprinzen von Preußen nach England gegangen sei, und der noch immer so gut wie neu wäre. Auch vergaß er nie hervorzuheben, daß dieser Paletot seidenes Futter habe, ein Luxus, den er sich später nie wieder bei einem Kleidungsstück gestattet hat. In den letzten Jahren hatte er*

sich ein Jackett aus dickem Wollstoff angeschafft, da er von jeher empfindlich gegen Kälte war, es aber immer für unnötig fand, einen Überrock anzuziehen. Nie nahm er irgendwelches Gepäck mit, und auf längeren Reisen enthielt der kleine Koffer, den er dann notgedrungen mitführen mußte, immer nur das Unentbehrlichste. Er haßte jedes Gepäck als unnötigen Ballast und konnte ungehalten werden, wenn seine Begleitung mehr davon mitschleppte als ihm unbedingt nötig schien. Mußte er bei Ausflügen auf einige Tage einen schwarzen Gesellschaftsanzug haben, um ein Diner oder eine Sitzung mitzumachen, so reiste er gleich im Frack und ging Tage lang darin umher, immer der Gefahr einer Erkältung ausgesetzt. Der Versuch, ihm bei einer solchen Gelegenheit eine kleine Handtasche mitzugeben, in welcher der Frack lag, scheiterte in so drastischer Weise, daß man nie wieder daran denken durfte, ihn zu wiederholen.«

Solche heute eher verschroben wirkende äußerste Einfachheit spiegelte in Moltkes Privatleben etwas wider von der – von ihm entscheidend mitgestalteten – »Allerhöchsten Verordnung über die Ehrengerichte der Offiziere im preußischen Heer« von 2. Mai 1847:

»Je mehr anderwärts Luxus und Wohlleben um sich greifen, umso ernster tritt an den Offiziersstand die Pflicht heran, nie zu vergessen, daß es nicht materielle Güter sind, welche ihm die hochgeehrte Stellung im Staat erworben haben und erhalten werden. Nicht nur, daß die kriegerische Tüchtigkeit des Offiziers durch eine verweichlichende Lebensweise beeinträchtigt werden könnte, sondern völlige Erschütterung des Grund und Bodens, worauf der Offiziersstand steht, ist die Gefahr, welche das Streben nach Gewinn und Wohlleben mit sich bringen würde.«

So war Moltke. So war Preußen.

Abschied

Am 3. Aug. 1888, Moltke war 87 Jahre alt, schrieb er an seinen Kaiser:

»*Euer K. K. Majestät bin ich anzuzeigen verpflichtet, daß ich bei meinem hohen Alter nicht mehr ein Pferd zu besteigen vermag. Euer Majestät brauchen jüngere Kräfte, und es ist mit einem nicht mehr felddienstfähigen Chef des Generalstabes nicht gedient ...*«

Wilhelm II., im »Drei-Kaiser-Jahr« gerade erst zum Staatsoberhaupt aufgestiegen, nahm das Rücktrittsgesuch an, überhäufte den alten Herren mit Ehrungen und überließ ihm nicht nur die Berliner Dienstwohnung, sondern als ständigen persönlichen Adjutanten den Hauptmann Helmuth von Moltke, seinen Neffen. Ihm verdanken wir eine ausführliche Schilderung von Moltkes letztem Lebenstag, dem 24. April 1891:

»*Onkel Helmuth war um 3 Uhr von der Sitzung des Herrenhauses zu Fuß zurückgekehrt. Während des Mittagessens hat keiner von uns etwas Auffälliges an ihm bemerkt. Er aß mit gutem Appetit und scherzte wie immer freundlich mit den Kindern. Nachdem der Kaffee genommen war, ging er in sein Zimmer, um die Zeitung zu lesen. Um 8 Uhr kam er frisch und heiter wieder zu unserer gewöhnlichen Teestunde, wo auch der Whisttisch bereits fertig stand. Onkel Helmuth trank seinen Tee und das Glas Moselwein, das er immer abends zu genießen pflegte, aß mit mehr Appetit als sonst oft zwei Butterbrötchen und ein Stück Kuchen, war sehr guter Laune und erzählte auch, daß er aus der Zeitung ersehen, wie Seine Majestät der Kaiser heute morgen bei 3 Grad Kälte auf den Auerhahn gepirscht habe.*

Der Spieler

Der Pianist und Komponist Friedrich August Dressler gehörte seit 1871 zu den wenigen Vertrauten, die häufig bei Moltke eingeladen waren. Dabei wurde nicht nur musiziert, sondern fast immer Whist gespielt, denn Moltke nutzte jede Gelegenheit zu einer Partie Whist; selbst im Krieg mußten seine Offiziere stets auf ein Spiel mit dem General gefaßt sein. Aber wie als Feldherr mochte Moltke auch als Whistspieler nicht verlieren. Dressler berichtet:

»*Durch häufiges Zusehen hatte ich schon herausbekommen, welche Gewohnheiten er beim Spiel hatte und wußte, daß er schlechtes Spielen entschuldigte, nicht aber langsames. Die guten Karten, die ich bekam, rissen mich immer wieder aus der Verlegenheit. Infolgedessen gewannen wir die Partie. Dennoch entließ er mich mit der Bemerkung: Beethoven spielen Sie besser. Der Feldmarschall verlor nicht gern, und es wurde deshalb von den Familienmitgliedern so eingerichtet, daß er zu seiner Zufriedenheit abschnitt. In ihrer zärtlichen Liebe hatte ihm schon seine verstorbene Gattin diese kleine Schwäche abgelauscht und hielt es nicht für unerlaubt, im Interesse seiner guten Laune ein bißchen zu mogeln. Wenn sich dieses Verfahren beim Spiel nicht anwenden ließ, so wurde es bei der Abrechnung ausgeübt, bei der es sich stets um minimale Summen handelte. Es ist doch merkwürdig, daß ich trotz meiner schlechten Karten noch gewinne, sagte er dann bedenklich, aber dabei blieb es. Es wurde regelmäßig um einen halben Pfennig der Point gespielt. Selbst wenn er mit dem Kaiser spielte, trat keine Erhöhung ein. Der Umsatz war unter diesen Umständen nicht bedeutend. Ein einziges Mal hatte er es auf 40 Pfennige gebracht und freute sich kindlich darüber. Brauche ich nur noch 20 Pfennige und habe eine halbe Droschke, sagte er schmunzelnd.*«

Ob auch der deutsche Kaiser gelegentlich zugunsten seines Feldmarschalls mogelte, ist nicht überliefert.

Er zündete eine Zigarre an, und wir setzten uns zur Partie. Dann hielt Onkel Helmuth, der eben begonnen hatte, Karten zu geben, plötzlich inne. Er legte die Karten vor sich auf den Tisch, lehnte sich in seinen Stuhl zurück und schien Schwierigkeiten beim Atmen zu haben. Liza fragte: ›Hast Du Asthma, Onkel Helmuth?‹ und er erwiderte: ›Ja, ich habe ein bißchen Asthma.‹ Er schob mir die Karten hin, die ich nun ausgab. So gewann er den letzten Robber seines Lebens. Er trommelte, wie er es bei solchen Gelegenheiten zu tun pflegte, mit den Fingern auf die Tischplatte und sagte in heiterster Weise: ›Wat seggt hei nu tau seine Süpers!‹, ein Wort, das er gern zitierte und das ein Dragoner-Regiment dem großen König zugerufen haben soll, als es mit einer Menge eroberter Standarten nach der Schlacht bei Roßbach an ihm vorüberzog. Der König hatte sich nämlich vorher sehr ungnädig über das Regiment geäußert und gesagt, es tauge nichts, die Kerle seien alle Säufer. Ich machte die Abrechnung, er hatte 2 Pfennige gewonnen und erklärte, die brauchten nicht ausbezahlt zu werden. Er hatte einen aufgeknöpften Militärüberrock an und darunter eine weiße Piquéweste, dazu alte graue Zivilbeinkleider; um den Hals hatte er ein seidenes Tuch geschlungen. Er hatte sich diese einzige Bequemlichkeit in seinem Anzug gestattet, die er sich nur im engsten Familienkreis zu erlauben pflegte. Herr Dressler begann eine eigene Komposition vorzutragen, deren schwermütiger Rhythmus mich betroffen machte, denn ich wußte, daß Onkel Helmuth, wenn er sich nicht ganz wohl fühlte, es liebte, durch heitere Melodien abgelenkt zu werden. Er stand plötzlich auf und ging mit leisen Schritten, um den Spieler nicht zu stören, ins Nebenzimmer. Ich wußte, daß er es nicht liebte, wenn man aus seinen asthmatischen Anfällen viel machte und ihn mit übereifriger Sorgfalt belästigte. In der undeutlichen Beleuchtung konnte ich nur erkennen, daß er auf einem Stuhl saß, er hatte die Ellenbogen auf die Knie gelegt und der Oberkörper war tief vornüber gebeugt. Ich kniete vor Onkel Helmuth nieder und fing seinen Körper in meinen Armen auf. Wir trugen ihn in sein Schlafzimmer, wo wir ihn auf sein Bett

legten. Einmal schien es noch, als ob das Bewußtsein zurückkehren wolle. Er wandte den Kopf mit leichter Beugung nach links, wo an der Wand das Bild seiner verstorbenen Frau hing. Dann ging still und friedlich seine Seele hinüber, um auszuruhen von der Arbeit eines einundneunzigjährigen Lebens. Er war immer auf den Tod vorbereitet, den er nicht fürchtete, sondern oft als einen Übergang zu einem neuen Leben reineren Schauens und Erkennens erhofft hatte. Seit wir vom Whisttisch aufgestanden waren, mochten vielleicht zehn Minuten vergangen sein. Um 9 Uhr 45 hatte das Herz aufgehört zu schlagen.«

Moltke wurde auf seinem Gut in Kreisau beigesetzt in der Kapelle, die er für seine Frau nach deren Tod und für sich hatte bauen lassen. Über 50 Jahre später, im Frühjahr 1945, eroberte die Rote Armee auch Niederschlesien und näherte sich Kreisau.

Seelenwanderung

In einem Gespräch mit seinem Arzt sagte der 89jährige Moltke:

»Wenn der Glaube der Inder an eine Seelenwanderung wahr sein sollte, so möchte ich wenigstens nicht als Mensch geboren werden; denn eigentlich besteht das menschliche Leben nur aus Enttäuschungen.«

Von Angehörigen der deutschen Wehrmacht wurden die beiden Särge in Sicherheit gebracht und wahrscheinlich in nächster Umgebung des Gutes begraben. In den hinterlassenen Papieren Moltkes fand man auch diese Gedanken:

»Unmöglich kann dies Erdenleben ein letzter Zweck sein. Eine höhere Bestimmung müssen wir haben, als etwa den Kreislauf dieses traurigen Daseins immer wieder zu erneuern. Sollen die uns rings umgebenden Rätsel sich niemals klären, an deren Lösung die Besten der Menschheit ihr Leben hindurch geforscht? Wozu tausend Fäden von Liebe und Freundschaft, die uns mit Gegenwart und Vergangenheit verbinden, wenn es keine Zukunft gibt, wenn alles mit dem Tode aus ist? Was aber kann in diese Zukunft hinüber genommen werden? Die Funktion unseres irdischen Kleides, des Körpers, haben aufgehört, die Stoffe, welche ja schon bei Lebzeiten ständig wechseln, treten in neue chemische Verbindungen, und die Erde hält alles fest, was ihr gehört. Nicht das Kleinste geht verloren. Daß die Vernunft und mit ihr alles, was wir an Kenntnissen und Wissen mühsam erworben, uns in die Ewigkeit begleiten wird, dürfen wir hoffen, vielleicht auch die Erinnerung an unser irdisches Dasein. Ob wir das zu wünschen haben, ist eine andere Frage. Wie wenn einst unser ganzes Leben, unser Denken und Handeln vor uns ausgebreitet da läge, und wir nun selbst unsere eigenen Richter würden, unbestechlich, erbarmungslos. Nur die Liebe kann bestehen ohne Gegenliebe. Sie ist die reinste, die göttliche Flamme unseres Wesens.«

Anhang

Der Lebensweg

26. 10. 1800	Geboren in Parchim
2. 11. 1800	Taufe: Helmuth Karl Bernhard Freiherr von Moltke
1811–1817	Königl. Dänischer Kadett in Kopenhagen
1819–1822	Page beim König von Dänemark
1. 1. 1819	Dänischer Sekondeleutnant
19. 3. 1822	Preußischer Sekondeleutnant in Frankfurt/Oder
1823–1826	Kriegsschule Berlin
30. 3. 1832	Kommando zum Großen Generalstab
1835	Mitglied des Johanniterordens
April 1835	Hauptmann
1836–1839	Kommando in die Türkei
1839	Ritter des Ordens Pour le mérite
1840	Generalstab Berlin
April 1842	Major
20. April 1842	Vermählung mit Marie Burt
1845–1846	Adjutant des Prinzen Heinrich in Rom
1846	Reise über Gibraltar, Spanien und Frankreich nach Berlin
1848	Chef des Generalstabs in Magdeburg
1850	Oberstleutnant
1851	Oberst
September 1855	Adjutant des Prinzen Friedrich Wilhelm
1856	Generalmajor
1855–1857	Reisen nach England, Rußland, Frankreich
September 1858	Chef des Generalstabes der Armee
1859	Generalleutnant

1864	Chef des Stabes beim Oberkommando im Dänischen Krieg
8. Juni 1866	General der Infanterie
1866	Krieg gegen Österreich, Königgrätz
1867	Kauf des Gutes Kreisau in Niederschlesien
1868	Tod von Marie von Moltke, geb. Burt
1870/1871	Chef des Generalstabs im Krieg gegen Frankreich
2. September 1870	Kapitulation von Sedan
28. 10. 1870	Erhebung in den Grafenstand
16. Juni 1871	Generalfeldmarschall
31. 5. 1874	Pour le mérite für Wissenschaft und Künste
27. 12. 1880	Ablehnung des Abschiedsgesuches
10. 8. 1888	Abschied vom aktiven Dienst
26. 10. 1890	90. Geburtstag
16. 3. 1891	Reichstagsrede zum Eisenbahnverkehr mit 90 Jahren
24. 4. 1891	Tod in Berlin
28. 4. 1891	Überführung nach Kreisau, Beisetzung in der Familiengruft
1945	Bergung der Särge von Moltke und seiner Frau vor der anrückenden Roten Armee und Beisetzung an unbekannter Stelle.

Zur weiteren Lektüre

Für eine intensive Beschäftigung mit Moltke und seinem Werk empfehlen sich die acht Bände »Gesammelte Schriften und Denkwürdigkeiten«, Berlin 1891–1893.

Für militärische Studien stehen 13 Textbände – und vier Karten- Bände »Militärische Werke«, Berlin 1892–1912, zur Verfügung.

Eine vorzüglich Biographie – mit ausführlichen bibliographischen Verweisen, wenn auch nur bis 1956 – ist: Kessel, Eberhard: »Moltke«, K.F. Koehler Verlag Stuttgart, 1957.

Das Militärgeschichtliche Forschungsamt publizierte: »Generalfeldmarschall von Moltke. Bedeutung und Wirken«. Roland G. Förster, München 1991, ISBN 3-486-55900-1.

Darüber hinaus ist eine Fülle von Einzeluntersuchungen, Analysen, Erinnerungsbüchern, ja, sogar Romanen zu Moltkes Leben und Wirken erschienen.